湖南省哲学社会科学基金项目“5G时代基于地域文化基因的数字艺术在古村落活化中的应用与研究”（项目编号：20YBA011）

数字艺术在古村落活化中的应用探索

贺 溪◎著

吉林出版集团股份有限公司
全国百佳图书出版单位

图书在版编目（CIP）数据

数字艺术在古村落活化中的应用探索 / 贺溪著 . --
长春 : 吉林出版集团股份有限公司 , 2022.9
ISBN 978-7-5731-2535-4

Ⅰ . ①数… Ⅱ . ①贺… Ⅲ . ①数字技术 – 应用 – 村落 –
文化遗产 – 保护 – 研究 – 世界 Ⅳ . ① K915-39

中国版本图书馆 CIP 数据核字（2022）第 183213 号

数字艺术在古村落活化中的应用探索

SHUZI YISHU ZAI GUCUNLUO HUOHUA ZHONG DE YINGYONG TANSUO

著　　者　贺　溪
责任编辑　李　娇
封面设计　李　伟
开　　本　710mm × 1000mm　　1/16
字　　数　210 千
印　　张　10.5
版　　次　2023 年 1 月第 1 版
印　　次　2023 年 1 月第 1 次印刷
印　　刷　天津和萱印刷有限公司

出　　版　吉林出版集团股份有限公司
发　　行　吉林出版集团股份有限公司
地　　址　吉林省长春市福祉大路 5788 号
邮　　编　130000
电　　话　0431-81629968
邮　　箱　11915286@qq.com
书　　号　ISBN 978-7-5731-2535-4
定　　价　66.00 元

作者简介

贺溪，湖南衡阳人，长沙学院艺术学院讲师，湖南省设计艺术家协会会员。近年来发表《传统村落数字化保护与旅游开发研究》《三维产品动画课程对动画设计专业的重要性》《广告设计重二维动画设计的创新运用》等多篇学术论文。目前主要从事古村落的数字化、三维动画、虚拟旅游、VR 交互的教学与研究工作。主持湖南省哲学社会科学课题一项，参与多项国家级、省级课题和重大科研项目。

前 言

在我们的祖先改采集为种植、变狩猎为养殖、学会适应并利用自然环境之际，村落也就应运而生了，最原始的古村落也就是这样形成的。随着时间的推移，古村落在历史的长河中，不断凝聚人类农业文明，形成了具有地域特色的文化内涵，展现了人与自然和谐相处过程中的智慧。古村古镇中，蕴藏了中华五千年来沉淀的丰厚而珍贵的历史文化资源，是中华民族文化、精神、意志的结晶。伴随着中国城镇化的大规模推进，古村落文化遗产遭到了严重的破坏，甚至快速消失。在这一背景下，正确理解和保护古村落文化遗产刻不容缓，探寻科学的保护理论与方法迫在眉睫。随着信息技术的发展，数字艺术在文化保护方面作出了卓越的贡献。所以在古村落活化保护过程中，我们应当思考如何用数字化手段实现古村落文化的传承与发展。

本书第一章是对古村落的概述，其内容主要是对聚落、村落、古村落文化的概念进行界定，并简要说明村落的起源与演变、村落景观与人居环境的含义以及古村落的主要类型。第二章是对古村落活化保护的概述，其中包括古村落活化保护的背景、现状、发展进程，以及古村落活化保护需遵循的原则和古村落文化保护的动因及价值。第三章则对数字艺术进行简要介绍，内容包括数字艺术的概念和发展历程，以及数字艺术与古村落传统文化之间的联系。第四章为古村落活化保护相关的研究内容，介绍了国内外对古村落活化保护的研究与实践、古村落空间及文化演替、古村落景观建筑、古村落开发价值评估、古村落社区利益、古村落可持续发展、古村落活化保护类型以及古村落旅游管理等方面的内容。第五章介绍数字艺术背景下古村落活化的策略，其中包括数字化时代民族文化传播媒介的转变、数字艺术保护文化遗产的渠道和案例。第六章则是对利用数字艺术进行古村落活化保护案例的介绍、分析与研究。

本书属于湖南省哲学社会科学基金项目“5G 时代基于地域文化基因的数字艺术在古村落活化中的应用与研究”（项目编号：20YBA011），是一部兼有知识性和应用性的图书。在撰写本书的过程中，作者得到了许多专家学者的帮助和指导，在此表示真诚的感谢。本书内容系统全面，论述条理清晰，深入浅出，但由于作者水平有限，书中难免会有疏漏之处，希望广大同行及时指正。

贺溪

2021 年 6 月

目 录

第一章　古村落概述

本章为古村落概述，第一节聚落与村落，主要是介绍村落相关的概念，以及村落文化的概念和特征；第二节介绍村落的起源、发展与演变；第三节对村落景观与人居环境的含义进行简要说明；第四节对古村落以及古村落活化的含义进行分析；第五节从不同的角度对古村落类型进行划分。

第一节　聚落与村落

一、村落的概念

从我国历史来看，农耕文明在我国历史上占据主导地位。尤其在我国传统的农耕聚落中，他们的生产生活以农耕为主，主要产业是农业，商业与手工业并没有普及，只是存在于个别的聚落，这种现象的存在是受我国传统的自给自足的小农经济影响，同时也与根深蒂固的重农轻商思想有关。本研究中的村落指的是乡土聚落，这一概念是从我国乡土建筑与聚落研究传统而来，将聚落整体作为研究对象，强调乡土建筑的群体性与整体性特征。因此，本研究中探讨的聚落即为村落。

何谓村落？《辞海》给出的解释为“村庄”，《三国志·魏志·郑浑传》中载：“入魏郡界，村落齐整如一。”村落是由定居在一定地域内的一群家庭组成的。村落是“中国乡土社会的单位”。村落是由古代先民在农耕文明进程中，在族群部落的基础模式上，因“聚族而居”的生产生活需求而建造的、具有相当规模、相对稳定的基本社会单元。

可见，村落是聚落的一种基本形态，自从有了人类聚居就形成了村落。传统村落是指拥有物质形态和非物质形态的文化遗产，且具有较高的科学、文化、艺术、历史、经济、社会价值的村落。2012 年，根据国家多部委调查，将全国 5121 个村落列入《中国传统村落名录》。我国进一步加大了对传统村落的保护与发展。

2012 年 4 月，我国的传统村落有了明确的概念与界定：①现存建筑有一定的久远度，文物保护单位的等级达到标准。②具有典型特征和价值，并承载非物质文化遗产。从界定可以看出，历史遗留和文明价值的传承成为评定的主要依据。在2016年公示的中国第四批传统村落名录中，有1602个传统村落入选该名单。

传统村落的范围包括已申报命名和未申报命名的具有优美自然景观、生态环境的自然村落。传统村落是与物质、非物质文化遗产相联系又相区别的第三类遗产，同时具有物质、非物质、自然遗产的特性，且相互融合在同一个传统文化与审美基因之中。伴随着现代化和开发，传统村落遭受破坏的情况日益严峻，加强保护迫在眉睫。

二、村落文化的概念和特征

（一）村落文化的概念

“文化”是个舶来词，源自拉丁文“culture”。这个词一开始具有“耕作”“栽培”“养育”的意思，后引申为培养一个人的兴趣、精神和职能。关于文化的定义很多，美国人类学家A. 克鲁伯和K. 克拉克合著《文化——关于概念和定义的评论》罗列了1871—1951年间较为严格的定义就有161种，到20世纪70年代，法国学者A. 莫尔继续统计，文化概念已有250多种。随着时代的进步、文化的变迁，我们今天讨论的文化概念中，较认可的是英国人类学家泰勒在1871年《原始文化》一书中的表述：“文化是作为社会成员的人所习得的包括知识、信仰、艺术、道德、法律、习俗以及任何其他能力和习惯的复合体。”村落文化是一种文化现象，多发生在村落范围内，国内研究学者给出了相关的定义（见表1-1-1）。

表1-1-1 国内学者对村落文化概念的界定

作者	定义
陈世娟（1993）	村落文化是一种以村落为单元的文化，同一个村落的文化性质相同，不同的村落文化有不同的特征，即使是邻近村落，其文化性质也会有所差异，相近但不完全相同。总体来说，村落文化依托村落而存在，是存在于村落中的农民生活文化
卢荣轩、童辉波（1993）	村落文化有广义与狭义之分，广义的是指基于村落之上的由农民在生活中形成的物质与精神文化之和，狭义的村落文化单指精神文化
姚蓓琴（2000）	村落文化是指特定地域的农民在长期的生产生活中自发形成的一种高认同感的文化意识，是农民生产生活、风俗习惯、信仰及价值观等现象的总和

续表

作者	定义
施臻（2002）	村落文化以村落为基本单元，在同一个村落中人们过着相同的生活，有着同样的生产方式，并且在价值观、思想理念与行动上都保持高度一致，长此以往也就形成了一套人们普遍接受的思想意识、行为准则与规范模式。村落文化是一个内涵表达深厚、外延广泛的文化系统，包括物质文化、宗教文化、文学艺术、生产工艺等各个文化层面
李银河（2003）	所谓村落文化是指局部范围内由一群人通过信息共享拥有的文化。相对于都市文化，村落文化是村落中人们普遍认可的规范制度与价值体系
曹卉、汪火根（2004）	特定区域内，世世代代的农民在长期生活中逐步形成的他们高度认可的集生活方式、风俗习惯、信仰与禁忌等文化现象于一体的行为规范即为村落文化
秦树理（2005）	村落文化是指村落中的家族关系以及在此过程中产生的观念、信仰和体制。具体包括信仰、制度、家庭、习俗、节日等文化
刘瑞娟（2007）	村落文化是指以自然村落的血缘关系和家庭关系为繁衍基因而产生的能够反映村落群体人文意识的一种社会文化，是农民思想意识、行为方式、生活习惯等的总和
葛勇军（2009）	村落文化包含历史与现实两个层面，从历史层面来说，它指的是村落中的村规民约等制度的文化精神，从现实层面来说，它指的是村落中道路、房屋、民俗、活动、产业等构成的独特的文化景观。当然，我们日常生活中所谈到的村落文化同样具有丰富的内涵，包括物质、精神、制度等
胡彬彬、吴灿（2014）	村落文化研究至少包括以下七个方面的内容：建筑营造与堪舆规划、生产生活与经济模式、文化教育与道德教化、宗法礼制与村落治理、民族民俗与宗教信仰、民间艺术与手工技能、生存空间与资源环境
闵英、曹维琼（2016）	村落文化是村落中千百年来逐渐形成的一种内在的，影响着村落社会生活，规范村民行为，指导村民生产的知识总和
王萍（2018）	村落文化指村落在历史发展中形成累积的物质文化遗产、非物质文化遗产以及介于两者之间的历史记忆、宗族传衍、俚语方言、村约民规、生产方式等
任映红（2019）	村落文化是以传统农耕文化为基础的，以血缘、地缘、业缘关系为联结的文化形态，是村落共同体长期历史积淀形成的社会风尚和精神内核

（二）村落文化的特征

村落是基础，文化是内涵。村落文化也是乡村文化的载体和体现，其特征如下：

1. 关系性与复杂性

在村落里面的人，少则由一个或两个姓氏组成，多则由十余个姓氏组成，不同姓氏之间往往有着姑、叔、舅、姨等亲戚关系，亲戚邻里间团结和睦、关系融洽。

2. 地域性与差异性

一个村落往往具有明显的地域范围，即有一个村落的边界，在这个边界范围内，由于村落所处自然环境的差异带来少数民族群众生活方式的区别，也形成了差异化的民族村落文化模式。

3. 结构性和延展性

村落文化从物质文化、精神文化、制度文化和行为文化这四元结构中拓展而来，结构完整，且每个结构层次下面均含有丰富的村落文化组成内容，并且随着时代的变迁可不断地拓展。

由此可见，村落文化必须要能展示自身的特色，这是村落文化的立身之基、发展之本。只有正确地认识民族村落文化的内涵与特点，才能充分挖掘民族村落文化的历史底蕴，才能发挥它的创造力和影响力，才能更好地为当地的物质文明与精神文明建设服务。

第二节　村落的起源与演变

一、村落的起源

早在原始社会的末期，社会生产力的发展促使第一次社会大分工出现。其中，农业就从中分离出来。最初人类通过利用土地，结合简单的生产工具进行农业活动，也为现代研究提供了大量的可考证的生活资料。这一现象是历史性的突破，它打破了当时只有性别和年龄分工的形式。而当时的村落并非固定的，随时可能迁移、变更。后来，生产力不断进步和发展，生活方式也不断改进，人类开始在某一区域定居下来，这就形成了相对固定的聚居形式——村落。

村落在人类早期的生产生活过程中，具有极其重要的地位。

第一，村落中的村民，通过生产生活中的关联聚集在一起，集体的力量得到充分发挥，能够更好地为生产、生活提供便利。

第二，村落的形成，加快了整体生产力的发展，周边区域内的经济、文化之间的联系，也更加密切。

第三，村落的形成，很大程度上维持了人类文化的多元性。村落形成的过程，也是人类不断与环境相适应、相斗争的过程。在漫长的历史中，村落文化逐渐积累、形成，并由当地村民代代传承。村落的相对封闭，又为文化的多元性提供了保护。

二、村落的发展与演变

有相关领域的学者根据乡村聚落形态演化的空间过程和社会过程，对村落的演化展开了研究，最后说明，村落是最早的聚落单位，它的空间演化过程映射着农业文明四个阶段的演进：采集狩猎阶段、原始农业阶段、传统农业阶段以及工业化阶段。还从社会、经济、文化、环境四个角度进行了相关理论论述。因此，从历史宏观角度来看，我国大部分村落正处在由传统农业向现代农业、工业化、产业融合等方向转变的阶段。

在这个发展转变过程中，村落发展的一个尤为重要的特征就是社会经济关系的变化。特别是在中华人民共和国成立之后，村落社会经济关系不断变化，可分为以下几个阶段：

（1）土地改革（1949—1952 年）。由封建土地所有制转变为农民土地所有制，最主要的经济成分为“个体农民经济”。

（2）农业合作（1953—1957 年）。村落进入合作社以后，实行土地集体所有制、按劳分配制度。

（3）村落经济停滞（1958—1979 年）。这期间因为特殊的历史背景，全国全面推行人民公社化，农村经济发展停滞。

1979 年开始，我国对农村经济展开体制改革，实行土地集体所有、家庭联产承包等形式。村落面貌开始扭转。土地资源为主导的农村经济体制改革，是乡村发展的决定性因素。

通过这以上阶段的土地改革，我国村落经济快速发展，村民生活水平迅速提高。

村落的发展和城市的发展密切相关。城乡发展在一定程度上展现了村落发展的历程。城乡发展的演变可概括为：乡村城市—城乡分离—城乡对立—城乡联系—城乡融合—城乡一体。

演变的过程，不是所有的乡村转变为城市，更不是城市乡村化，而是为了消除城乡差异，让更发达的物质文明和精神文明实现城乡共享。

第三节　村落景观与人居环境

一、景观

“景观”可解释为地表空间（land）的景物、景象或风景（scape）。景观在景观学的含义中交融了自然与人文的内容，具备景观形态、景观生态、景观人性化。

景观包括自然现象、生态景观、文化景观。我国著名人文地理学专家刘沛林教授提出的“景观基因”理论，为古村落景观研究提出了新的方法和理论支撑。研究古村落景观，要从外部环境、街道布局以及人文活动等方面展开。

二、人居环境

人居环境是人类日常工作、生活、娱乐、社交、居住的空间。人类创造人居环境，在人居环境中生产生活，而人居环境又影响着人类的生活。

人居环境从空间角度分析，可以分为生态绿地和人工建筑两大系统。生态绿地系统主要指的是自然生态环境。人与自然息息相关，大自然为人类提供了丰富的物质资源。人与自然和谐发展，是理想的人居环境基础。其中人造环境则是人类在自然环境基础之上，根据自身生活所需进行的改造。人造环境与自然环境相比更加复杂，包括人造物质环境和人文环境。理想的人居环境是人与自然之间能够平衡相处、相生相伴、互惠互利，符合人类居住需求，并具备良好的文化氛围。

古村落的人居环境自然和城市的人居环境存在很大的差别。古村落的人居环境经过了很多岁月的沉淀，比城市环境更加复杂。它是由不同民族、不同历史民俗组成，不仅是文化的产物，同时也是历史文化发展沉淀的产物。古村落人居环境中，文化景观是其核心重点和内涵表现。它涵盖了人类历年来在此生活的物质积累和精神积累。比如，村庄建筑、村落格局，这些都是人居环境的物质表现。宗教、信仰、民风民俗等，则是非物质的精神表现。古村落人居环境具有不可复制的独特性，不同地域有着不同的气候、地形，就会形成不同的生活习惯，不同的民族有着不同的经历和信仰，就会形成不同的风俗和思维。因此，每个村落在不同的时间、环境条件下，根据自身生活生产需求，所形成的人居环境也就不同。研究人居环境，就需要先研究其地域和民族背景。

近些年，随着我国城镇化的大力发展，古村落的人居环境遭到了一些破坏。

在社会发展建设过程中，我们一味追求城市化，追求现代化，忽视了对传统文化的保护，导致很多古村落失去了原有的人居环境，这是人类文明的一大损失，应该尽早引起我们的重视。

第四节 古村落及活化概念

一、古村落概念界定

“古村落”源于“村落”且包含于“村落”。“村落”一词最早出现在《史记·五帝本纪》:“一年而所居成聚，二年成邑，三年成都。”其中“聚”的注释中“聚，村落也”。有学者认为在人类初期，其主要生存手段是狩猎，居住方式也因此经常变化。随着生产方式的转变，狩猎逐渐转变为牧、渔、耕等方式，居住方式也逐渐演变为定居，于是出现了“聚落”。生产力再次提高，人们有了富余的物质，于是出现了物质交换，最终促成了人类社会的大分工——商业、手工业和农业。聚落也由此开始分化，逐渐出现了专门从事商业、手工业的城镇和以农牧渔等为主的村落。村落的空间要素丰富多样，包括村落建筑、街巷、池塘、河沟、井泉等。

与“村落”相比较，“古村落”最重要的特点是“古”，但是对于古村落的概念，目前仍未有正式的统一解释。目前在学术界比较认可的有以下几种解释：

（1）古村落就是整个村落的布局、地方特色、古建筑、古民俗等总体都保存相对完整的村落。

（2）古村落是指建立在中华人民共和国成立以前，村落选址没有发生太大的变动，建筑环境和风貌以及民风民俗独特且至今仍有村民居住生活的村落。

（3）古村落需要满足四个条件：①要有悠久的历史，且这个历史还应被记忆在村落里；②要有丰富的历史文化遗存，包括物质与非物质；③基本保留原来存在的体系；④要有鲜明的地方特色。

此外，中国古村落保护与发展委员会认为：“古村落就是那些上溯源头在明清之前，至今已有五六百年历史的村寨聚落。”2012 年 4 月 16 日，住房和城乡建设部、文物部、财政部联合印发《关于开展传统村落调查的通知》，该文件中提道：传统村落是指村落形成较早，拥有较丰富的传统资源，具有一定历史、文化、科学、艺术、社会、经济价值，应予以保护的村落。2012 年 9 月，经传统村落保护和发展专家委员会第一次会议决定，将习惯称谓“古村落”改为“传统村落”，以突出其文明价值及传承的意义。

上述几种对古村落的解释涉及古村落的立村时期、村落选址、村落布局、地方特色、建筑风貌、民族特色、村落记忆以及历史、文化、科学、艺术、社会、经济价值等方面。作者认为，尽管传统村落保护和发展专家委员会将“古村落”改为“传统村落”，但相对于“传统”而言，“古”字更加能够显示村落历史的悠久，突显其稀缺性。

综合上述，我们可以认为古村落是指历史能够追溯到明清及以前，拥有至少五百年以上的历史，村落选址、布局、建筑环境及风貌等村落物质空间要素没有太大变动，且仍然拥有鲜明的民风民俗等非物质文化遗存，在历史、文化、科学、艺术、社会、经济等方面具有较高价值的村落。

二、何谓“活化”

在 20 世纪 90 年代，“活化”（revitalize）这个概念传入我国文化遗产保护研究的相关领域。活化的本意是复兴、复活的动词解释，意为“使之重新焕发生机”。它之所以作为“遗产保护”的概念被广泛运用，原因在于“活化”是针对物质及非物质文化遗产历史性概念或现象恢复溯源及再利用的一种极具科学指导性的基本理念，同时也具有一定的不可实现性。该理念的核心在于失活空间的延续，倡导唤醒那些地区原有的“沉睡至今”的历史文脉及空间肌理，以可持续再生的主旨思想及综合性的方式，使之重新焕发生机与活力。

第五节　古村落的类型划分

在中国广袤的土地上散布着许多保存至今的古村落，从不同角度可以对古村落进行不同的划分。

（1）《中国古镇古村游》编制组将古村落按文化背景和历史区域分为八类：

①以西递和宏村为代表的徽派古村落群（图 1–5–1）。主要分布在安徽南部、江西婺源。②以榆林为代表的西北古村落群（图 1–5–2）。主要分布在陕西。③以乔家大院为代表的北方大院建筑群。主要分布在山西。④以乌镇、周庄为代表的江南水乡古村落群（图 1–5–3）。主要分布在浙江、江苏。⑤以黄龙溪、龚滩为代表的西南古村落群。主要分布在四川、重庆。⑥以永仓、赤坎为代表的岭南古村落群。主要分布在福建、广东。⑦以凤凰、青岩为代表的湘黔古村落群（图 1–5–

4）。主要分布在湖南、贵州。⑧以和顺为代表的南昭古村落群。主要分布在云南。

另外，客家是汉族的一个独特支系，具有独特稳定的客家语言、文化、民俗和感情心态，客家人在国内的主要聚集地为赣南、闽西、粤东三角区（有 29 个纯客县），故此也应该包括客家古村落群。

图 1-5-1　徽派古村落之呈坎

图 1-5-2　陕西高家堡古民居

图 1-5-3　乌镇水乡

图 1-5-4　凤凰县黄沙坪村

（2）按照古村落的保护和价值等级可以分为：

①世界级，如皖南的西递和宏村（图 1-5-5）；②国家级，如浙江的俞源、江西的理坑（图 1-5-6）等；③省级，如婺源的思溪、虹关等；④还有市级文物保护单位、县级文物保护单位以及未被列入保护级别的古村落。

图 1–5–5　宏村

图 1–5–6　理坑

第二章 古村落活化保护概述

本章内容以古村落保护这一话题为中心，阐述古村落活化保护的背景、现状，国内外古村落保护发展的进程，以及古村落文化保护发展的动因，古村落活化保护的价值、意义，还有古村落活化保护过程中需遵循的原则，以为古村落活化保护研究提供参考。

第一节 古村落活化保护的背景

一、古村落的价值逐渐凸显

2014 年 2 月 25 日，习近平总书记在首都北京考察工作时强调：“历史文化是城市的灵魂，要像爱惜自己的生命一样保护好城市历史文化遗产。”历史文化遗产的保护越来越受到重视。古村落是我国历史文化遗产的重要组成部分，真实地记录了社会、经济、文化在不同历史阶段的发展与演变，具有珍贵的历史文化价值和丰富的科学文化内涵，是全人类的物质和精神财富。但是，国内对古村落的研究起步较晚，相关制度也并不健全，导致很多古村落珍贵文化的遗失。

而随着古村落保护研究的进行，古村落越来越多的宝贵遗产出现在我们的视野里，向我们展现了历史的痕迹，呈现出传统文化独特的魅力，使得古村落的价值被日渐重视起来，进一步推动了古村落保护和发展工作的展开。

目前，传统村落与古村落在概念上没有严格的界定，2012 年 9 月，传统村落保护和发展专家委员会决定将习惯称谓“古村落”改为“传统村落”。由此可以看出，一方面，近年来我国不断重视传统村落的保护与发展工作；另一方面，传统村落的价值逐渐被挖掘，保护传统村落的实质是对其价值的保护。

二、传统村落不断消亡

从20世纪50年代至今，文化遗产的保护工作逐渐加快脚步。历经风霜的文化遗产产生于人们从古到今的生活方式之中，以多种形式丰富人们的精神文化生活。它是历史留给我们的精神财富，赋予了一个国家、一个民族象征性的标志。

村落作为一种地理景观或生活方式引起了众多学科学者的关注及研究，传统村落的消亡也正是改革开放后经济发展带来的问题。随着经济的繁荣，农民在富裕之后向往现代社会的生活方式，逐渐往大城市靠拢，导致众多乡土建筑消失，加之原住民的流动，使得传统村落空心化更加严重，村落失去了“活的灵魂”，对其所承载的文化造成了重大冲击。村落不断消亡的原因在于村落主体（村民）对传统文化的不认同，传统文化与现代文化之间的不适应。改革开放至今，传统村落每年都在走向消亡，曾经丰富多彩的民间传统艺术表演也逐渐无人问津。在我们为传统村落的消亡感到痛惜的同时，村民的反应却是对传统文化的不认同，认为都是些无用的东西。

三、传统村落发展与现代生活不相适应

在我国社会经济发展相对平缓的时期，乡村聚落环境始终处于自下而上的渐进式发展状态，创造了无数特征鲜明的地域文化村落。乡村聚落作为乡土社会的实态表征，始终伴随着村落社会的发展而变化。进入现代社会后，经济迅猛发展，村落社会的生产生活方式发生了重大变化，在短时间内表现出村落环境形态及建筑形制与现代生活要求的不适应，因此，对于传统村落的保护显得尤为重要。

第二节　古村落活化保护的现状和问题

一、观念过于陈旧，研究缺乏力度

（一）文化观念

传统村落文化保护在观念层面的问题集中体现在村民审美观念的转变、村落发展过程中价值观的逐渐多样化和保护观念的相对落后。包括以下几个方面：

1. 审美观念转变

一些村民注重建筑外在的形式美，为满足自身心理需求而盲目借鉴，使村落

整体风貌处于杂乱无序的环境中。从新农村建设到美丽乡村建设，如何正确引导广大村民和基层干部认识现代建筑形式，提高其审美水平，确立真正适合村民生活和承载其变化的持续发展的审美价值观，还应进一步研究。

2. 价值观念多样化

村落在长期封闭式的一元化发展过程中，使村民形成的价值观与思想观念必然会随着社会发展进行转变。村落自身发展的压力以及城市文化的冲击和村民价值观的改变等，使传统村落进一步发展的疑惑尚待解决，村民的生活就业也是需要解决的重要问题。对美好生活的物质和精神需求已经逐渐成为村民价值观念的核心，村民认同的价值观成为影响村落发展的因素。

3. 保护观念落后

村民既是村落的管理者，又是村落的直接保护者，其思想认识的程度决定着村落保护的力度。一些地方盲目追求经济发展，忽视了传统村落的潜在价值，对其过度开发，从管理者、决策者到村民、游客、开发商等都对传统村落保护的认识不足，尤其是在文化空间的认同问题上，以及传统村落文化空间保护研究认同与适应商业开发、经济建设、旅游开发等方面，只看到眼前利益，使传统村落失去独有的个性、文化魅力和历史感，正在面临着千村一面的危机。有些地方为了达到片面保护村落的目的，大量引入村落旅游发展，忽视了对非物质遗产的保护，导致村落在传统民俗文化方面逐渐衰退的同时，又显现出过于浓重的现代化商业气息，反而与传统村落的历史文化环境格格不入。

（二）生活观念

1. 生活方式改变

我国实行改革开放后，社会经济得以快速增长，文化生活逐渐丰富，中国社会的公共领域不断扩大对民族传统的开放，人们的生活方式发生全面的转变。从传统型转向现代型，从民族稳定型转向民族开放型，从社会单一型转向社区多样化，中国的民族生活方式一直处于这种转变之中。就消费方式与社会认同的关系来看，各个阶层的生活方式呈现鲜明的特色，会产生相应的社会认同并形成认同群体。近年来，村民的收入虽有增长，但农业生产方式基本属于手工耕作阶段，农业现代化程度偏低，相当一部分人还是以第一产业为主。人们在村落保护中容易忽视生活真实性，有些地方甚至将原住民全部迁出，租售给非本地人员经营，建筑则改为商业空间，这种做法导致传统村落的生活方式和习俗发生转变，失去了原本的生活真实性，历史韵味也逐渐消失。

2. 经济利益问题严峻

传统村落及文化空间保护有利于乡村经济发展、提高村民收入以及改善生活环境等。在经济方面，经费的投入与需求的矛盾就是一个重大问题。其一，单一的耕种不能满足生活需求。在传统农业时代，农民的经济收入主要来自农业，而从事农业种植所带来的经济利益较少，大量的人口外出经商或务工，老人和妇女成为主要劳动力，致使以粮食生产为主的农业进一步萎缩，村落经济一直在低水平徘徊，村落环境无力保护，导致文化空间及传统活动无人问津。其二，传统村落保护过程中经常会涉及村民安置费、设施改造费、修缮维护费等大量的保护资金，单靠政府支持难以长期维持，资金问题是在村落保护工作中的一个重要制约因素。其三，在利益的驱使下，会导致过度“人工化、商业化、现代化”开发，对历史资源产生掠夺性破坏，一些传统村落追求片面的经济利益，凭空改变建筑原始功能，大量拆迁原住民，采取“旧貌换新颜”“建造古街区”之类的不当包装手段，改变了历史人文环境，造成了村落特色消失与千篇一律的感知形象。大量拥入村落旅游的人又对村落的历史遗存造成一定程度的破坏，盲目开发极有可能会缩短旅游生命周期，不加控制地接待大批游客，会超出传统村落所能承纳的旅游资源和环境容量，也对村民的日常生活产生了一定影响。其四，新旧建筑、景观、文化等之间的矛盾，部分建筑年久失修、结构老化，历史文化价值日趋衰亡，以及建筑内部存在通风采光不足，缺乏必要的厨卫设施，不能适应现代社会生活的发展需求，往往缺乏与村落文化相适应的关联性，特色的缺失直接导致村落整体风貌受到破坏。

二、文化缺乏特色，导致千村一面

文化在传统村落中至关重要，村落元素随着文化的作用形成并相互联系。文化通过人产生并从多个方面将人区分开，因此，群体特征都与文化息息相关，文化既是形成动力也是联系纽带。“在根本不存在之前任何真理都不存在，在根本不存在之后任何真理都将不存在，因在那时真理就不能作为展开状态或揭示活动或被揭示状态来往”，在特有的文化观念上形成自身的文化特色，空间文化特征伴随着居民观念和社会文化的变迁而发展，并影响着村民的生活方式和文化价值观念。传统村落文化作为民族精神的内在因素，是村落及村落共同体在社会实践中创造的物质文明和精神文明的结合，保证传统文化认同的连续性，为村落主体提供精神依托。总之，村落文化以其独特的形式支撑着村落的形成和发展，以强大的民族精神维系着民族的延续和发展。

（一）传统文化衰弱

村落传统文化整体濒危化、失真化的倾向日益严重。传统文化是日常生活和行为观念联系最为密切的基本文化因素，一个地区中世代相连、连续稳定的行为和观念形成了特殊的地方传统习俗，与人们的生活相互影响。丘吉尔说："人创造建筑，建筑创造人。"人们按照生活方式建造房屋，改变环境，环境又反过来制约着生活模式。传统文化充分体现了历史文脉、地方文化，再现了风土人情、民俗习惯。

一般古村落文化的濒危化表现为村落传统文化急剧消退或濒于消失。① 20世纪以来，生产力的发展和生产关系的变迁导致了传统社会的瓦解，以血缘、亲缘和地缘为主的社会体系逐渐被以"业缘"为特征的社会体系所取代，从根本上对传统文化生存的根基造成破坏；② 20 世纪后期，传统村落空巢化程度加深，阻绝了传统文化的传播途径，进而加速了传统文化的衰落。传统社会文化认识和保护意识普遍淡薄，据调查，居民"较了解"或者"较熟悉"传统文化的占村落人口的 19%，"一般了解"传统文化的占 40%，而"不了解"的占 41%。这说明村落居民对传统文化的根源丧失了认同感，社会大环境的转变使得民间文化在村落中逐渐消失。

古村落传统文化失真化是在村落保护发展的过程中常见的现象，传统文化形式和内容被有意或无意篡改而背离了原生文化。其一，改革开放以来，在世界经济一体化的语境中，先进开放的现代城市生活对村落村民的吸引力，以及现代文化对村落传统文化产生潜移默化的影响，使我们在保护村落过程中无意识融入现代设计改变了原本面目。其二，在发展开发过程中对传统文化理解浅薄，刻意地创新村落文化，使传统文化面目全非，破坏了历史文化原真性。其三，多数村民对非物质文化遗产重视不够，不论是民俗的规模还是村民对它的热情都在减退，导致非物质文化遗产不知不觉地从历史中消失。

（二）文化特色流失

在社会主义新农村建设中出现了千篇一律的文化空间破坏现象，使非物质文化失去了赖以生存和发展的空间，村落文化特色随着文化空间的破坏而流失殆尽。具体反映在对文化空间的破坏上，一方面表现为传统文化受到现代丰富的娱乐方式的冲击，特别是对非物质文化的冲击较大，互联网等信息技术的发展，大众化的现代文化娱乐方式以便捷性、多选择性的优点快速流行起来。村落建设缺乏有地域文化特色的文化空间，更多的是对一些成功案例的复制照搬，社会经济快速发展为我们带来了多样的文化交流方式，对于传统文化载体的文化空间，更应融入现代社会的发展中，通过正确的方式进行引导并加以保护。另一方面，文化空间完整性受到严重破坏。村落规划中出现大量对现代城市风貌的复制，西式洋房、宽阔的水泥马路、庄园景观等现代化建设方式大量运用，规划中不考虑自然地形和乡土特色。江西省某些地区在村落建设中就出现了类似问题，对传统文化的认同感越来越低，从本质上对非物质文化生存的物质环境造成了破坏，导致文化空间的遗弃。

传统文化作为地区和民族特色，是取之不尽、用之不竭的艺术源泉，传统文化极易受到现代生活方式的冲击。地域文化特色消失，导致对文化空间的需求较少，所以在新农村中营造出来的文化空间只是作为一种展品存在，而不是活态的文化载体。而文化对于传统村落的文化空间来说是一种活态的延续，它是村落构建和认同的产物，与村落里世世代代的精神相关，现代文化的涌入打乱了村落原本相对封闭稳定的生活，导致文化趋同的现象屡见不鲜，不但造成千村一面，而且改变了村民的生活方式和习惯等。文化观念对村落空间形态的发展产生了深刻影响，在村落特有的文化观念上形成的文化特色，村落空间特征会伴随着居民的观念和社会文化的变迁而发展，并影响村民的生活方式和文化价值观念。不同的村落文化呈现出不同程度的差异性才能独具特色、避免乏味，村落深层次的文化记忆在保护中则显得尤为重要。文化空间是历史的沉淀物，在各个历史时期都会留下印记，传统文化脉络根植于村民的潜意识之中，在历史的长河中不断堆积，传统村落地域性的文化记忆被呼唤和传承。若拆掉某个历史时期的文化空间，它与村民之间的联系也会消失，村落的历史联结发生断裂之后，人们对于原始的文化之源也就无法延续与传承。

三、保护策略缺乏合理性

传统村落作为一种复杂的聚居体，保护工作不能只做表面的物质保存，必须对人居环境进行保护。目前的一些传统村落对自身的特质和村落的现实状况认识不足，导致在保护工作中无法对一些关键性问题提出具体的保护策略。

第一，保护与发展认识不清。村落保护是现代各个阶层广泛关注的话题，古村落属于稀缺的历史文化资源，文化空间则是村落文化的载体，急需进行正确的保护及开发。大部分古村落交通闭塞，经济落后，产业单一且就业率低，普遍存在着基础设施陈旧、建筑年久失修等问题，村落的合理发展问题尤为迫切。从大多数传统村落的实际情况来看，保护是对地方文脉的延续，发展是对改善人居环境的需求，两者都是村落保护工作中的重点，既不能一味地脱离发展进行保护，也不能过度开发破坏保护。探索出一条保护与发展双赢的最佳途径，是传统村落保护面临的一大难题。

第二，传统与现代的不适应。传统村落在发展的进程中，不可避免会走向现代社会。比如，一些古村落建筑是明末以来由移民建成的，移民初期为适应当地环境，出现大量以家族式聚居为主的传统空间。随着新中国成立后的土地改革与经济开放政策，传统的以血缘、亲缘为主的家族式社会结构逐渐转向以“业缘”为主的社会关系。近代以来，人口的大量外流冲击了传统的农耕经济，村落的经济格局出现变化，随着时代发展和社会进步，传统的文化空间已经不能满足村民的生活需求。虽然现在村落建筑可以满足一定的空间功能，但是基础设施的缺失还是给村民的生活带来诸多不便。从传统与现代的适应性来看，传统的空间形制与现代社会的空间需求仍存在着差异。建立一种传统与现代相适应的村落空间保护体系成为保护工作的难点。

四、相关制度残缺，政策不能有效落实

保护制度是村落文化遗产保护的保障性因素，是一种确保目标实现的社会运行环境。在目前的传统村落保护中，保护制度残缺不全，致使村落保护力不从心。

（一）法律保障机制滞后

传统村落的法律保障机制滞后体现在：一方面，我国经历了多年的立法建设，颁布了《中华人民共和国城乡规划法》《中华人民共和国文物保护法》《中华人民共和国文物保护法实施细则》《历史文化名城名镇名村保护条例》《保护非物质文化遗产公约》，与具有完整体系的城市文化遗产保护法规和条例相比，我国现有的传统村落保护法律法规体系还存在很多问题。历史文化遗产保护体系的法律法规不完善。对于历史文化保护区，建设行政主管部门只能依据《中华人民共和国文物保护法》《中华人民共和国城乡规划法》《历史文化名城名镇名村保护条例》的有关规定对建设控制地带进行管理，而这些条款没有相应的实施细则作为补充。

另一方面，很多古村落还未颁布地方性保护条例或实施细则，迟滞了村落保护的脚步。地方缺乏针对性的地方性保护法规，需要依靠政府的公共权威，通过行政文告等形式来为保护行为提供法律依据。

（二）行政保障机制低效

村落保护管理低效是当前村落发展过程中较为突出的问题，已成为推进传统村落遗产保护工作的阻碍因素。其根源在于保护机构设置不够健全、管理责任模糊。目前，我国尚未设置独立的遗产保护机构。相关保护管理工作是通过部门协调共同实现的。在市场经济下，逐渐显现出权限重叠、管理混乱等问题。

（三）经济保障机制匮乏

村落保护资金匮乏是保护工作面临的一个普遍问题，也是阻碍传统村落保护有效进行的制约因素。一方面表现在筹集途径有限。第一，各级政府财政拨款一般以专款形式拨发，省、市、县、镇再出一部分，但实际上中央及地方无法将村落保护的经费列入财政预算，这部分资金无法得到稳定的使用保障。村落中资金筹集实际是通过争取村落各级部门事务性拨款获得，资金的来源分散，不能进行统一分配和针对性适应，难以形成完整的保护效应。第二，非政府途径一般通过专业的商业市场主体，如旅游公司投资开发，但有一些商人追求盲目的经济效益而导致传统村落原貌遭到破坏，而通过自发性的群众筹款，来源不稳定，不能维持村落保护的费用开销。另一方面表现为资金量不足。第一，我国每年下拨的专项资金对于庞大的传统村落群体保护而言远远不够，具体下拨到小村落的资金微乎其微。第二，群众自发筹集资金的热情不高，资金量有限。村落保护所需的宣传、普查、保护规划与实施的资金与实际获得的资金比严重不足，保护工作的经济支持还十分有限，资金的限制在一定程度上阻碍了村落保护工作的高效进行。

（四）公众参与机制水平低

公众参与是目前为止最有效的利益协调机制，村落规划中公众参与应体现在村民参与村落规划编制的各个环节，能合理表达出村民的需求并满足诉求，但现阶段古村落的建设在公众参与的体现上仍处于被动状态，大多数时候仍是政府主导，村民的想法无法得到充分的满足。但是作为村落的主体及文化空间的使用者，在村落建设及文化空间的保护上，村民具有先天优势。古村落保护面临着房屋的改造、维修、拆迁等问题，它们涉及村民自身利益，只有保证村落主体（村民）的实际参与，在规划设计中保证充分满足村民对于文化空间的需求，才能最大限度地还原村落原貌及保证文化空间发挥出最大的价值。然而在实际工作中，由于规划者、决策者及村民自体的原因，公众参与的程度被层层弱化。

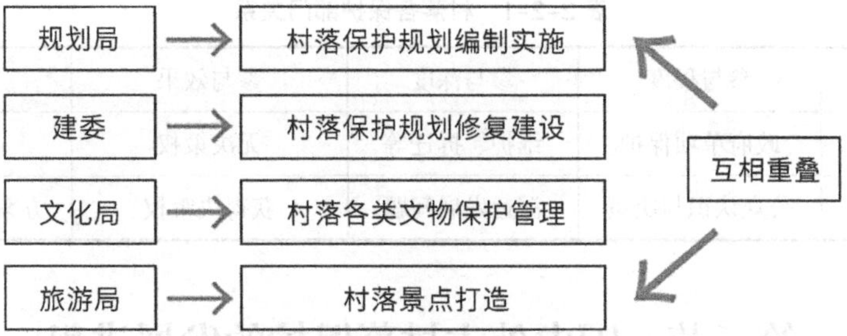

图 2-2-1　村落各保护部门关系

1. 模板式规划

规划工作被多数人认为是模式化的景观规划，设计中盲目地跟从以及对规划编制机构资质的硬性限制都是现存的问题。为了规划的科学性、专业性，要求规划部门具有较强的专业技能，但是有时将村民排除在外，减弱了村落使用者参与的权利。模板式规划主要是因为规划部门认为村民的想法不符合现代化生活的需求，设计规划时不自觉地将村民排除在外，盲目运用专业技术知识，存在忽略主体对象诉求的现象。村民自觉参与意识不强，盲目认同规划者成果，客观上助长了这种千篇一律的模板式规划的形成。

2. 公众参与途径单一

目前，《中华人民共和国城乡规划法》针对公众参与的强制性规定只存在审批阶段，公众参与实际操作只集中于前期阶段的问卷调查与访谈、告知与咨询，缺乏针对前期调研的强制性条文，深度也缺乏量化指标。同时，公示为村落规划中最为常见的一种公众参与的方式，但往往沦为展示规划成果的工具，忽视了村民的修改和整合意见。现有的公众参与未能涉及更深层次的保护问题，虽然政府能广泛吸收群众意见，但公众的实际决策权与监督权没有得到实现。

3. 缺乏正确指导

村民自身文化水平有限，不能准确表达意见，参与能力降低，导致公众参与效果减弱。首先，村民仅是对规划部门的效果图的浅层次肯定，对于语言文字所表现出的规划策略理解浅显，较强的专业规划性规划影响村民的判断。其次，村民现有的知识专业性不强，只能从以往的经验中提出意见，无法从专业角度对文化空间提出建议。再次，现有的物质利益对村民的吸引和影响，使他们忽视了文化空间对村落的意义，选择盲目导致对村落模式化复制。

总之，公众参与制度虽在村落中已经推行，但是还存在很大的进步空间。

表 2-2-1 村落各保护部门关系

公众参与	参与程度	参与深度	参与效果	参与阶段
现实状态	政府单项保护	维护、拆迁等	无决策权	方案
理想状态	公众认识与决策	深远发展问题	获得决策权	方案与实施全程

第三节 国内外古村落保护的发展进程

一、国外古村落保护发展进程

国外对于历史古迹的保护工作开展较早。法国在 1930 年颁布的《风景名胜地保护法》中将富有艺术、历史、传奇、科学和环境特色的地区列为保护对象。1964 年颁布的《国际古迹保护与修复宪章》把保护文物的范围进一步扩大了，在明确历史文物建筑概念的基础上，还提出必须尽一切科学技术手段保护与修复文物建筑。修复是一种高度专门化的技术，不能有一点臆测，务必在确凿的文献和原始资料的基础上进行。

在二十世纪七八十年代,《内罗毕建议》《关于保护历史小镇的决议》通过国际古迹遗址理事会和联合国教科文组织颁布，它准确说明了人类聚落是由乡村和城市环境形成的，遗址、历史城镇、老村落、老城区和古迹群都属于人类聚落的组成部分。《马丘比丘宪章》在 1977 年被公布，宪章指出城市的社会特征和城市的体型结构决定了城市的特性和个性。因此，城市的古迹和历史遗址应该受到充分的保护与维护，而且与此同时，也要使文化传统得到继承。现有古建筑和历史遗址的保护、恢复以及重新使用务必和城市建设结合起来，以此赋予这些文物生命力和经济意义。

国际社会在 1980 年之后开始更为注重乡村遗产的保护。国际古迹遗址理事会在 1987 年对这些年来各国历史环境保护的经验和理论进行了总结，并在此基础上制定了《保护历史城镇和城区宪章》，且得到了通过。国际古迹遗址理事会 1999 年通过了《关于乡土建筑遗产的宪章》，提出要在保留传统特色和文化价值的前提下开展乡土建筑群和村落的保护工程，而维持和保存有典型特征的建筑群、村落则能使乡土性的保护得到实现。

2002 年，第 26 届世界遗产委员会大会在匈牙利布达佩斯召开，会议对专家会议进行总结，通过了《关于世界遗产的布达佩斯宣言》，并提出了“全球战略”

和“4C”(Credibility、Conservation、Capacity、Communication)管理，会议提出了深化战略以落实人类学框架，“全球战略”也从此进入了实质性操作的新阶段。

综合上述，国际对于历史文化遗产保护历程的进展，主要表现在以下几个方面：在概念界定上不断发展延伸；在保护范围上也不断扩展，从历史建筑单体到历史建筑群，进而扩大到历史城镇的保护；在保护技术层面上也不断专业化；在专业领域方面不断拓展，从单纯的建筑学到人类学、社会学、景观学等专业领域的加入。国际对于历史文化遗产的保护历程是一个不断完善保护体系的过程。古村落作为历史文化遗产的重要组成部分，对古村落的保护与活化不仅要考虑历史建筑单体，还需考虑古村落的历史发展脉络、整体格局、风貌、人文景观以及古村落所处区域的环境等方面的因素。

二、国内古村落保护发展进程

国内对古村落的研究相对较晚。人们从20世纪80年代开始关注古村落，到了90年代真正开始重视古村落的研究。大批古村落在社会主义新农村建设逐渐兴起、城市化进程加快和古村落旅游迅速兴起的大环境之下遭到不同程度的破坏，引起了政府以及学术界的关注和重视。

我国在政策法规层面上对古村落的保护，是从历史文化村镇的保护开始的。我国历史文化遗产中一个不可或缺的部分便是历史文化名村。历史文化名村反映了聚落在不同时期、民族、地域以及经济社会发展阶段形成和演变的历史进程。

2002年，国家颁布的《中华人民共和国文物保护法》中明确“保存文物特别丰富并且具有重大历史价值或者革命纪念意义的城镇、村庄”是历史文化村镇的概念。国家建设部和文物局在2003年展开了历史文化名镇名村的评选工作，截至2018年底，已公布7批共487个国家级历史文化名村。2008年国务院通过并开始实施《历史文化名城名镇名村保护条例》(表2-3-1)。我国对古村落的保护，主要体现在政策法规文件层面，保护对象也从最初的历史建筑单体到历史城镇的保护，进而拓展到历史村落。历史文化遗产保护的体系也由此逐渐得到完善。

表2-3-1 国内关于历史城镇、村落保护的法律、公约

时间	名称	涉及历史小城镇和村落保护的相关内容
2002年	《中华人民共和国文物保护法》	明确提出了对保存文物特别丰富并且具有重大历史价值或者革命纪念意义的城镇、街道、村庄进行保护

续表

时间	名称	涉及历史小城镇和村落保护的相关内容
2007 年	《城乡规划法》	制定对一定时期内城市、镇、乡、村庄的建设布局、土地利用以及经济和社会发展有关事项的总体安排和实施措施
2008 年	《历史文化名城名镇名村保护条例》	规范历史文化名城、名镇、名村的申报、批准、规划和保护
2012 年	《关于加强传统村落保护发展工作的指导意见》	认定并公布《中国传统村落名录》，制定保护与发展的政策措施，编制保护发展的技术导则，对全国传统村落的保护发展进行监督和管理

第四节　古村落文化保护发展的动因

文化是经济发展的果，并反作用于经济基础。文化作为当前被公认的一种生产力，已成为经济发展的因，其拥有独立自主性、发展性和历史性。文化在反映社会物质生产的过程的同时，也作为一种社会生产力而存在。而古村落文化的保护和发展受其环境、经济、社会影响的同时，也深受科技发展、政策导向、市场需求和市场竞争等因素的影响。

一、环境因素

（一）旅游业刺激环境发展需求

乡村旅游业的发展使得古村落环境也发生了较大的改变，旅游公共设施的建设使得村落的传统建筑文化也发生了改变，包括建筑格局、方位、设计规划等。为适应乡村旅游业的发展需求，古村落将现代文化与传统村落文化进行了充分的融合，进而形成一种乡村旅游业态下的古村落文化空间。这种环境发展需求不断地促进了当地传统村落文化的保护和发展。

（二）文化经济效应显现

古村落乡村旅游业的发展与当地文化发展有着密切的联系。村落文化是乡村旅游业发展的核心和灵魂，是村落旅游吸引力的源泉。满足游客需求的旅游资源集中体现在代表地方民族特色的村落文化上，如传统手工技艺、民风民俗、特色饮食等。村落文化的保护和发展使得旅游目的地的游客逐渐增多，村落文化的经济效应逐渐显现，使得居民更加清晰地认识到村落文化的经济价值，从而自发地参与到村落文化的保护与传承中。

（三）农旅融合推动文化发展

随着新时代农业发展的变化，大量村落已经脱离了传统农耕社会，开始有针对性地进行特色农产品生产。生产方式的改变使得其农耕文化也产生了较大的变化。此外，批量农产品的种植形成了独特的农业景观，引来大量的游客观光，形成了“农业＋旅游业”的农旅融合发展模式。

二、经济因素

（一）技术进步慢，农业经济效益低

古村落一般地处偏远山区，其农业发展处于传统农耕阶段。在传统农耕社会中，由于生产技术不发达、社会生产力低下等因素影响，农产品的绝对价值较高，农业是主要经济支柱产业。但随着社会科技的发展，大批量农场式的农业种植使得农产品的绝对价值被拉低。古村落的传统农耕技术使得农产品的投入成本增加，而产出效益却随着社会发展而变低，甚至开始出现土地荒废现象。其中有少数村落为提高农业经济收益，进行了批量特色产品种植，使得村落农业经济得到了较好的发展。

（二）农村三大产业发展趋势较强

古村落传统农耕家庭主要依靠农业为生，由于地处偏远山区且交通不便，多处于自给自足的相对封闭状态中。随着乡村振兴等战略的提出，古村落的交通条件得到了改善，农民逐渐走出村庄寻找新的生计，导致农村大量劳动力外流，出现土地荒废等现象。农村三大产业的发展是指将农产品的生产、加工和销售进行系统的结合，通过三大产业的相互渗透融合发展为新型农村业态，以加快推进农业农村现代化发展。

（三）农家乐旅游经济收入增加

随着古村落乡村旅游业的不断发展，村落的旅游经济收入逐渐增加。其收入主要来源于农家乐和民宿经营。村民所提供的旅游服务，蕴含着大量的民族特色文化，如民族特色饮食、民宿中融入的传统文化元素等，促进了当地古村落文化的对外传播。

（四）村落居民消费观念发生转变

从马斯洛需求层次理论来说，人首先满足的是自己的生理需求和安全需求。古村落多处于偏远山区，其经济条件较落后。在过去，村落中居民的消费观念大多还停留在衣食住行等基本需求层面。随着经济的不断发展，村落中居民的经济条件得到了改善，其消费开始从基本需求层面逐步扩展到精神需求等方面，也越来越注重对于古村落文化的保护与传承。

（五）城镇化发展凸显文化重要性

在乡村振兴政策的驱动下，古村落的环境建设得到了较大的改善。为推动城镇化建设，在政府的引导和补贴下，许多民族村落从传统居住村落搬迁至新型农村社区。在新农村建设中也大量地融入了传统村落文化的建筑形式，促使村民关注和保护传统文化。

三、社会因素

（一）交流中的文化冲击导致文化遗失

交通条件、经济条件的改善使得古村落的对外交流逐渐增多。乡村旅游业的发展使得进出古村落的人不断增多，村落居民对于自身文化价值的认知不清以及对外来文化的盲目崇尚导致古村落文化受到了较大的冲击。根据调研结果显示，近年来，古村落文化逐渐以较快的速度遗失。许多传统民族文化逐渐被外来现代化文化所替代，如传统工艺品被流水线机械制造产品替代，传统民族服饰被现代化服饰所替代，甚至连民族语言也逐步丧失。民族文化不自信及外来文化的入侵加剧了古村落特色文化的衰落和民族传统文化的遗失。

（二）古风古俗面临遗失

传统村落中拥有丰富的文化习俗和观念，其共同构成了丰富的古村落文化。一般古村落地区拥有丰富的民风民俗、传统技艺、文学艺术等民族文化。古村落居民的观念在古村落文化保护中起着关键作用。村落居民当前对于民族文化的认知主要停留在经济价值层面，当他们认为某种文化可以使其获得经济利益时，便会予以保留。当他们认为某种文化已经没有任何经济价值时，便会舍去，从而导致民族文化的遗失。例如，传统民族服饰耗费成本高且制作不便，而现代服饰拥有制作成本低、穿着舒适等多种优点，因而在大多数少数民族古村落，其传统民族服饰已经逐渐被现代服饰所取代。

（三）美丽乡村建设的推动

2013 年农业部启动了“美丽乡村”创建活动，一些古村落在政策的引导下得到了较好的建设，其生态环境、卫生设施、基础设施建设均得到了很大的改善，乡村旅游业也得到了更好的发展。美丽乡村建设是推动古村落旅游发展的主要因素之一，也是古村落文化保护的外部社会因素之一。

（四）古村落对文化发展的适用性

乡村旅游业发展的吸引力是来自游客对异文化的追求，对于传统村落文化的保护可以有效促进地方乡村旅游业的发展。把传统文化融入古村落居民的生产生活是提高文化发展的适用性的一大重要举措，应当创建古村落文化保护体系，使其在意识形态建设中发挥引领作用，在民族村落文化自信建设中发挥主导作用。乡村旅游的发展为古村落文化的保护带来了新的契机，将村落文化进行生产性重构，提高了文化发展对于古村落居民的适用性，从而使其自发地参与到村落文化的保护与传承中去。

第五节　古村落文化保护的价值和作用

古村落的价值关系到古村落的保护与活化问题，目前我国对于古村落的研究多是从规划、建设、实施以及管理等方面进行，且仍然处于探索的阶段。因此，我们应以村落价值为核心逐步推导其保护与活化路径，从而更好地传承历史文化和延续历史脉络。

一、古村落活化的价值研究

对于古村落价值的研究，是从文化遗产的价值认知开始的。

1964 年 5 月，“第二届历史纪念物建筑师及技师国际会议”讨论通过了《国际古迹保护与修复宪章》，文件提出“将文化遗产真实地、完整地传下去是我们的职责”，强调了文化遗产的价值在于其真实性与完整度。

1979 年 8 月批准实施的《巴拉宪章》说明了历史遗产的文化意义，并进行了全面的解释。同时指出历史遗产的文化价值对于过去、当前和下一代都具有美学、历史、社会以及精神上的意义；对于不同的个体或者团体，遗产有着不同的价值，应当认识、尊重和鼓励多种文化价值的并存；遗产的文化价值应该加入整体保护程序框架中，使其受到保护。

1994 年的《关于原真性的奈良文件》指出保护遗产价值的根本是对其所有历史时期及形成过程进行保护，同时，真实性是保护文化遗产价值的前提；对于遗产价值的评估，需要在相关文化背景下进行价值性和真实性的判断，并在不同时期对真实性评估结果加以更新。

2011 年的《马德里文件》提出了景观与环境应作为文化遗产价值评估的因子，可以采用对比分析法来确定遗产的相对价值。在实施文化遗产之前，应对文化遗产进行深入的历史研究和全面的价值评估，同时制定相应的保护政策。

2011 年的《瓦莱塔原则》提出对于文化遗产的保护规划应研究考古、技术、建筑、历史、社会和经济等方面的价值，所有利益相关者都应该参与其中，同时在保护过程中所进行的活动都必须尊重文化遗产的物质与非物质文化价值。

2017 年的《关于乡村景观遗产的准则》指出乡村景观遗产价值包括经济、社会、环境、文化、精神及空间等不同层面，可采用调查分析特征、对比分析法进行遗产的价值评估。

综合上述多个文件，对于遗产价值的研究，可分为三个阶段：第一个阶段是从价值的认知逐渐到价值的分类进而细化；第二个阶段是对价值含义的不断深化，从多学科的角度思考价值的特性和本质，同时思考整体性保护对遗产价值的意义；第三个阶段是在充实文化遗产的价值内容之后，开始思考价值评估，并且不断反馈完善评估的内容。

二、古村落文化保护传承的作用

村落是在经济、社会、文化等因素共同作用下发展起来的，作为人类生产生活的空间系统，古村落中的点点滴滴都是人类文化基因作用的痕迹。我国的一些古村落地处偏僻，落后的交通形成了封闭的环境，使得古村落文化得到了较好的保存。由于古村落空间受地方自然环境、生产生活、经济发展和当地村民特有的风俗习惯等文化基因的影响，古村落形成了独特的物质文化和非物质文化特征。在经济的飞速发展下，交通的便利使得原本封闭的村落与外界的交流越发频繁。外来文化入侵等因素使得文化基因在传播的过程中发生片段的遗失，或被人们有意识地调整和改良，从而导致村落文化基因产生变异。这种变异可能为文化基因赋予了更强的生命力和更丰富的文化内涵，但同时也可能因为文化基因的缺失而使得传统村落丧失其原有的文化，传统村落文化的保护与传承将面临巨大的挑战。村落文化基因的作用与生物学上基因的作用相似，其决定了地方物质文化、精神文化、制度文化和行为文化的形成与发展。传统村落的发展是由自然演变到规划建设的过程，其实质便是村落文化基因综合作用的结果。在古村落的发展中，通过对原有文化基因的传承和新文化基因的融合，村落文化得以传承和发展。

（一）物质文化的作用

物质文化构成了村落空间的具体形态。古村落的物质文化基因主要指自然环境、建筑、农产品、服饰、饮食、交通、生产工具、工艺品等，其共同构成了独特的村落。物质文化基因是古村落的外显形态，是文化景观基因的物质表现形态。古村落拥有独特的物质文化基因，如与山水相衬的村落布局、与自然环境相协调的建筑、精美的装饰物和艺术品以及特色饮食等。这些不同的物质文化基因之间通过不同的组合方式，形成独具特色的村落景观。

（二）精神文化的作用

精神文化构成了村落空间的意象和氛围。古村落的精神文化基因主要指民风民俗、节庆、信仰、歌舞、艺术、民族意识形态等。精神文化基因作为一种力量，是一个民族的精魂所在。精神文化基因往往只能通过感官感知，如当地人民族性格、风俗习惯、宗教信仰、道德情操、价值观念，以及在历史长河中，在民族发展过程中，沉淀在古村落当地人们的民族文化、历史底蕴、精神面貌、生活习惯等形成的文化氛围也是精神文化基因的重要组成部分。精神文化基因可谓古村落地区居民赖以存续和发展的灵魂和精髓所在。

（三）行为文化的作用

行为文化构成了村落空间的社会交际行为。行为文化指人类在生产生活中所创造的有价值的、促进人类文明和社会发展的经验及活动。古村落的行为文化基因主要表现形式为村落文化中受民族文化性格影响，潜移默化形成的行为习惯。它具有鲜明的民族特色和地域特色，在生产、生活实践中，处理个人与他人、家庭与群体之间的方式与行为，如文明礼仪、接人待客等。古村落居民为人淳朴、热情好客，在与人交往中给人留下了很好的印象，同时也影响着他们的下一代。一个民族的文化素质、精神面貌等直接关系民族未来的发展。

（四）制度文化的作用

制度文化是促进村落空间的商业经济发展，增强社会凝聚力的产物。制度文化基因是人类生存和发展的规范体系，有效的制度文化是维持秩序的有力支撑和重要保障，其很好地规范了人们的行为。制度文化一方面构成了人类行为的习惯和规范，另一方面也制约或主导着精神文化与物质文化的变迁。古村落的制度文化基因是聚落文化在长期的社会实践基础上所积累、传承和创造的文化，它将国家、社会相关的政治、经济、社会、政策、法规等内化为维持村落文化自身调控、管理和发展的各种规范体系。古村落的制度文化基因主要包括支持与发展商品经济、商品化服务产业的各种规章制度、群体道德规范、行为规范等。

第六节　古村落活化保护的原则

一、实施古村落文化保护举措中的原则

在文化变迁过程中，古村落文化要力求以保护当地居民利益为主，适当加以利用和开发。反之，如果破坏了村落文化最本真的内涵，那么民族文化、乡村旅游发展将会日益衰退甚至消失。我们对于古村落文化的保护和发展，要把握时代的脉搏，借助高科技的力量，利用现代化网络技术、度量方法对古村落文化基因进行梳理、识别、甄选、保护、开发、设计、创新、利用与发展，为乡村旅游发展提供丰富的旅游资源，为民族文化的保护与开发提供可行的举措。

（一）建立相关的法律法规

1990 年以来，在民族民间文化保护方面，我国政府制定和颁布了一系列的政策和管理办法。我国文化部、财政部于 2003 年初启动了中国民族民间文化保护工程，各省也相继出台了相应的民族文化保护条例，为我们提供了制度的保障。如果能够建立更有针对性的古村落保护条例，那将会为古村落文化的保护提供强有力的保障。各级地方人民政府应加大力度落实关于民族民间文化的保护工作，并将其纳入本行政区域国民经济和社会发展规划、城乡建设规划及本级财政预算中，做到给人员、给编制、给经费，推动保护工作顺利进行。

（二）注重民族之间的团结

民族的才是世界的，民族文化在维系民族团结中发挥着重要的作用。少数民

族传统村落文化的保护与发展是在正确梳理、识别、保护与开发古村落文化，并通过应用、展演、宣传等形式将古村落文化融入当地居民的生产生活中，使得少数民族古村落居民的民族团结力和向心力在无形中得到大大增加，进而为建立和谐民族大家庭贡献巨大力量。游客在参与民族文化旅游活动的同时，更加深入地认识和理解当地的民族文化，有助于其树立民族文化保护意识，从而促进少数民族传统村落文化的保护与发展。少数民族传统村落文化的保护与发展是以民族文化为纽带，使得游客和当地居民在民族文化的保护与发展上产生共鸣，进而让民族间的团结更加紧密，社会更加稳定，人民生活更加幸福。

（三）拓展宣传的模式和方法

首先是从上到下都要引起重视，地方政府与各行政主管部门在思想意识上要引起重视，加大古村落文化保护宣传力度，将古村落文化的保护观念深入人心，形成人人参与保护民族文化遗产的良好氛围。其次是做好从内到外的宣传营销，开发设计古村落特色旅游产品进行宣传营销，帮助古村落社区居民提升保护和发展古村落文化意识，同时在古村落外部，借助旅游节庆、旅游推介会、户外广告、微信、微博等方式将古村落文化的精髓推广出去。

（四）加强生态环境保护

古村落旅游发展不仅包括极具特色的古村落文化，还包括当地优美的自然环境和良好的生态环境。大城市的环境污染和喧嚣使得城市居民对生态良好的乡村产生了美好的向往，进而在闲暇之余到乡村旅游观光。因此，保护好乡村的生态环境，才能使其成为游客向往的旅游目的地。良好的生态环境是古村落旅游可持续发展的基础。只有生态环境好了，大家才能发展旅游业，这也是古村落文化保护和发展的前提。

（五）强化民族文化的展演传承

无形的民族文化最好的保护和发展方式就是将其活化，使之展现并融入古村落居民的生产生活中。政府可在古村落建立文化传播交流机构，并指派专人负责传承和保护古村落文化。此外，还可通过搭建古村落社区文化展演舞台，定期举办民族文化活动等，将这些濒临消失的民族文化开发成演绎类旅游产品，如给游客欣赏古村落特色舞蹈或传统文化展演等节目。展演的方式可以促进古村落居民和游客共同了解当地的文化，同时促进当地居民树立文化自信，进而自觉参与到古村落文化的传承与保护中去。

（六）利用高新科技提供技术保障

古村落文化的保护与发展离不开新时代背景下的技术进步。民族文化与科技的融合可以成为民族文化产业创新的内在驱动力量。在“互联网+”背景下，古村落充分发挥当地“村乐购”的功能与服务，使当地居民在接到旅游订单时，能够以及时、便捷、优惠的方式将当地特色农产品送达游客手中。游客即使离开了古村落社区，也能在异地通过网络渠道购买当地的特色商品。

（七）以旅游发展提升经济水平

经济基础决定上层建筑。乡村旅游的发展应为当地的经济发展带来新的动力，为古村落物质文化、精神文化、制度文化、行为文化的保护和发展提供资金的保障。旅游发展了，人流、物流、资金流及信息流随之而来，参与到乡村旅游发展中的古村落居民能够在这一轮旅游发展浪潮中获益。

二、古村落旅游发展中文化基因的梳理原则

（一）全面了解游客感知

游客通过感知获得旅游过程中旅游对象、环境等带给人们的心理感受，可以说，旅游感知影响着人们的旅游行为。游客在旅游体验中感知到的、接触到的一切产品与服务，都会在游客头脑中形成一个基于心理体验的价值判断，得出旅游体验是高于预期还是低于预期的总体感知结果，游客也会在此基础上得出对旅游地旅游产品的认知和评价，进而影响游客满意度与忠诚度。古村落旅游项目的开展，一是依托古村落当地良好的生态环境，二是依托当地居民在村庄环境的生产、生活中所展现出来的特色鲜明的民族建筑、民族饮食、民族节庆、民族风俗等文化内涵。基于此，对于古村落旅游项目的开发，需要了解旅游客源市场，即游客对民族村寨及民族当地旅游产品的感知，了解游客对古村落当地旅游产品的偏好，尤其是考察影响游客对古村落生态环境及文化组成因素的偏好，将有助于提升游客满意度和重游率。古村落对游客的吸引力的核心所在就是村落文化，只有从游客视角挖掘、开发有文化内涵的旅游项目，才能保持古村落对游客的吸引力，才能发展古村落的旅游业，才能提高古村落当地居民的收入，才能实现古村落增收的目标，最终推动古村落文化的发展。

（二）注重游客偏好

旅游偏好简单来说是游客需求的外在表现，是一种心理倾向，它以人们的个人偏好和对旅游产品的以往经验感知或外在评论为基础。相对于古村落的游客而言，随着社会经济的发展，高速公路线路的拓展延长，我国家庭汽车保有量的不断增多，自驾游已成为中国居民家庭旅游的新常态。旅游产品日新月异，旅游项目开发遍地开花，而具有明显村落地域边界、文化习俗边界的古村落文化是依托古村落居民的生产、生活的一系列活动开展的，它们具有不可移动性和不可复制性，它们是旅游客源市场的核心吸引力。因此，古村落文化的梳理要牢牢把握这个文化核心，选择游客偏好度较高的村落文化，才能开发出游客喜好的文化旅游产品和项目，以此保持民族古村落旅游发展的活力。

（三）加强引导当地居民参与

古村落中世代保留下来的民族文化，是一种活态文化。古村落文化中的活态文化是生于斯、长于斯、发展于斯的群众生产、生活中传承并保留下来的民族文化精神。一方面，古村落的居民群众是文化资源的所有者；另一方面，他们又是文化资源的创造者。在古村落旅游开发过程中，在游客感知、欣赏、惊叹民族文化的过程中，无不见到他们的身影。若不发动当地古村落居民积极主动地参与到文化开发、保护与传承过程中，古村落旅游项目的开发就缺少了地气，缺少了活态文化灵动的主体。在市场化经济背景下的旅游发展过程中，没有照顾到古村落居民群众利益诉求，也将压缩古村落的旅游发展空间，给古村落的旅游带来不安稳的隐患。

（四）坚定可持续发展理念

随着现代旅游业的快速发展，旅游既是人们追求精神享受的重要方式，又是促进旅游地经济增长的重要途径。古村落最具优势的资源即是他们极具娱乐和表演性质的民族文化、民风、习俗，如民族节日、民族礼仪、民族歌舞等。因而在古村落文化的开发过程中，要防止对民族文化的过度开发，避免为迎合旅游者口味而对民族文化过度提炼、夸张，要重视民族文化的独特性和稀缺性。同时，还要充分创造保护古村落文化的条件和措施，注重其传承、传播与可持续发展。

第三章 数字艺术概述

本章对数字艺术的概念、分类、传播及发展历程进行简要阐述，并在此基础上，对古村落及文化遗产数字化保护的背景和内涵进行说明，最后讲述数字艺术给古村落传统文化保护与传承带来的影响，为实现古村落数字化保护奠定理论基础。

第一节 数字艺术的理解

一、数字艺术的概念

数字艺术是基于数字技术的艺术活动，其美学元素必须经过数字技术的排列组合才能生成数字化的新质。数字艺术与原子艺术是相对的，二者最本质的区别在于艺术建构和接受机制的数字和模拟，这也是二者技术背景上的不同之处。数字艺术就是在数字技术的发展下兴起的，今天的数字艺术已经远远超过了 1 和 0 的简单比特组合，成为更复杂的系统。模拟技术实质上是用模拟设备和模拟电路发送、编译、传送和接收模拟信号的电子技术。模拟信号大量存在于我们的客观世界中。不管是传统的广播、电视、电影等动态的艺术形式，还是传统文学、建筑、雕塑等静态艺术形式，其本质都是模拟信号，我们将其统称为原子艺术。与之相对的运用数字信号建构的艺术形式称之为数字艺术。数字艺术是数字技术和艺术“联姻”的结果，因而对于数字艺术的界定离不开技术，也离不开艺术的大家庭。

二、数字艺术的分类

数字艺术可以有多种分类。从应用的角度，我们分为以下两类：一类以数字技术为工具，如摄影与印刷、雕刻、绘画、插图等；另一类以数字技术为媒介，如数字艺术装置、电影、视频和动画、Internet（互联网）艺术、软件艺术、虚拟现实、声音与音乐等。

三、古村落文化保护视角下数字遗产及数字化的内涵

（一）数字遗产

就在非遗公约文本提交 Unesco（联合国教科文组织）全体缔约国大会投票的前两天，2003 年 10 月 15 日，大会投票通过了另一份重要文件——《保存数字遗产宪章》（以下简称《宪章》）。这份文件体现了国际社会对数字化保存这个大趋势的认同和重视，也凸显了文化遗产保护和数字化之间的必然联系。《宪章》在重申联合国教科文组织应保证对图书、艺术作品及历史和科学文物等世界遗产之保存与维护，以维护、增进及传播知识为宗旨，将“数字遗产”定义为“包括以数字方式生成的或从现有的模拟资源转换成数字形式的有关文化、教育、科学和行政管理的资源及有关技术、法律、医学及其他领域的信息”，并回顾了联合国教科文组织旨在“确保世界文献遗产的保存和普遍使用”的“世界记忆”（Memory of the World）计划非遗普查过程中产生的数字记录，就是典型的数字遗产。《宪章》指出，缺乏法律支撑是数字遗产受损害的重要原因之一，因此《宪章》要求国家加强数字遗产保护的立法。就此，《宪章》还认为数字遗产的保护包括法定存放（legal deposit）以及必要的公众获取原则。最后，还要求各国发展法律制度，保障数字遗产的原真性（authenticity），防止其被政治化，被随意使用或故意扭曲。

对文化遗产保护而言，数字化是一个很好的关于“文化遗产”概念的去迷思路径。由于文化遗产法律保护起始地的西欧国家对“文化遗产”概念的理解很大程度建立在建筑、物品、文本的物质形态价值基础上，而以之为主要思想源泉的 1972 年公约对“遗产”的阐释也明显依托于物理载体，其结果是建筑（构建物）遗产成为最主要的保护对象。此种思维惯性很大程度上导致了 1972 年公约在实施二十年后，呈现出对亚洲、非洲、大洋洲的文化遗产形态之承认和保护的不力状态。至 1994 年，公约创设的世界遗产名录显示，超过 50% 的元素位于欧洲，而其他地理区域，如亚洲和非洲国家，由于其建筑传统与欧洲有别，在名录上明显没有得到足够的展现，其中，备受批评的是包括“原真性”在内的“建筑价值标准”，这种标准被批判为“欧洲中心”，并被认为直接导致了世界遗产名录在地理分布上的失衡。一个经常被提及的著名例子是日本伊势神宫的“式年迁宫”仪式：依照一千三百多年来的传统，每二十年要将神宫主体建筑全部拆除后，依照

传统技艺、材料和仪式性要求在原址重建。虽然伊势神宫在日本文化中具有不可替代的价值，但其建筑物由于不断重建而缺乏“历史原真性”，导致无法获得公约的认可。通过对2003年公约多年准备文件的梳理，可以看出，这种窘境正是联合国教科文组织决议制定非遗专门公约的主要动因之一。而数字化方案很好地凸显了去除物质载体后文化元素的遗产性质并不会发生改变的特征，也就更好地呈现了非遗的“无须依托于固定的物质形态”的根本特征。

对2003年公约的理解和阐释，当然也需要考量联合国教科文组织作为一个国际组织的上述整体策略，我们应在这个背景下，细读公约关于非遗保护和保存的几项主要义务。2003年公约第2条第3款规定：“……（三）‘保护’是指确保非物质文化遗产生命力的各种措施，包括这种遗产各个方面的确认、立档、研究、保存、保护、宣传、弘扬、传承（特别是通过正规和非正规教育）和振兴。”这里的“立档”（documentation），自然就包括了数字化存档的保护保存模式。

在同样的思路下，我国2011年的《非物质文化遗产法》（以下简称《非遗法》）作为履行中国对公约承诺的具体方式，也针对“立档”做了规定：

“第3条，国家对非物质文化遗产采取认定、记录、建档等措施予以保存，对体现中华民族优秀传统文化，具有历史、文学、艺术、科学价值的非物质文化遗产采取传承、传播等措施予以保护。”

“第13条，文化主管部门应当全面了解非物质文化遗产有关情况，建立非物质文化遗产档案及相关数据库。除依法应当保密的外，非物质文化遗产档案及相关数据信息应当公开，便于公众查阅。”

可见，中国非遗立法对“立档”的阐释就已经与最为先进和受推崇的存档技术——数字档案和数据库衔接起来。

（二）数字化

数字化虽然已经是一种普及的、被高度认可的技术，但目前对其并没有明确的法律上的定义。从知识产权的视角来看，数字化属于复制行为的一种，虽然手段较传统著作权的复制手段而言有特殊性，但实质上并无差异。在我国，国家版权局于1999年发布的《关于制作数字化制品的著作权规定》（国权［1999］45号，已废止）第1条尝试对“数字化制品”或者说数字化的结果下定义：“本规定所称数字化制品，是指将受著作权法保护的作品以数字代码形式固定的有形载体，包括激光唱盘（CD）、激光视盘（LD）、数码激光视盘（VCD）、高密度光盘（DVD）、软磁盘（FD）、只读光盘（CD-ROM）、交互式光盘（CD-I）、照片光盘（Photo-

CD)、高密度只读光盘(DVD-ROM)、集成电路卡(ICcard)等。”这些都明确证明“数字化”在知识产权看来是一种复制行为的具体方法，与其他复制行为一样受到著作权的制约。我国于2006年成为《版权条约》成员国后，对相关问题的处理应遵照条约的规定。

除了文艺作品的数字拷贝外，数字化技术在文献档案领域的使用已有较长时间。根据国家市场监督管理总局、中国国家标准化管理委员会于2006年10月发布的《文献档案资料数字化工作导则》(GB/T 20530—2006)中的定义，“数字化”是指：“按科学的方法分门别类地以电子格式加工、处理、存储文献档案资料，并能对这些信息资源进行高效的插入、删除、修改、检索、提供访问接口和信息保护等操作的过程。”而文化遗产的数字化是指使用当代遥感和虚拟技术实现二维或三维数字存档，对文化遗产数字化的过程，以达到保存、保护、修复和科学研究的目的。文化遗产的数字化可以在不同层面得到应用，如数字化归档作为文化遗产留存的基础，作为修复、重建文化遗产的依据和手段，作为文化传播和传承的依托等。

而“文化遗产数据库”的概念则更要复杂一些。国家市场监督管理总局、中国国家标准化管理委员会在2010年10月发布的《信息技术词汇》(GB/T 5271.17—2010)标准文件中，将“数据库”定义为“支持一个或多个应用领域，按概念结构组织的数据集合，其概念结构描述这些数据的特征及其对应实体间的联系”。这个定义是从数据库的逻辑结构（数据组织模式）的角度出发的。

现有的一些针对非遗数据库的研究，主要是从数据库可实现的功能角度出发展开讨论。比如，有学者对非遗数字化的发展进程进行论述后，指出非遗数字化保护就是将非遗项目中的核心和代表性内容进行数字化处理，实现对非遗数据的系统化整合，通过数据库等形式来实现对非遗数据的保存、管理、交换和利用的目标。也有学者认为非遗数据库是用于存储和管理非遗相关资源，服务于非遗项目的传承和保护的一种资源数据库，一般具有标准化著录、结构化存储、多元化检索查询、网络化访问共享等功能。还有学者梳理了当前可用于非遗数字化的技术措施，认为非遗数据库是管理数字化后的非遗数据的一个手段。另有人指出非遗数据库是运用现代科技对非遗资料进行统计、整理、编目和保存的结果。但是，现有的研究都未有对“非遗数据库”本身做出抽象定义，或者其给出的定义其实也只是对非遗数据库的功能进行描述，并未强调非遗数据库应有的系统性、逻辑性（而非简单资料集合）之特质。如此，非遗“数据库”和非遗“数字化档案”的区别就不甚显明了。然而在实践当中，定义一个数字计划是否达到了“数据库”

的标准，很大程度上取决于对其应适用何种法律制度；两者之间最核心的区别在于，数据库是对数据进行系统性、逻辑性的整理和编排，而数据库制作者为此必然要有更多的资本和智力投入。因此，应当明确区分“数字化成果”和“数据库”，并明确其各自的法律地位和适用制度。

故此，在古村落文化保护过程中，对于“非物质文化遗产数据库”，我们可以做出如下定义：非物质文化遗产数据库是指将非遗的各种元素和信息进行数字化记录后，根据预先确定的分类和描述方案，将这些数字化成果以系统的、有条理的方式编排起来，以期达到查阅、组织、分析、整合和管理非遗数据、帮助进行非遗保护决策的效果，并能够被整体地或者部分地以电子或者其他手段单独访问其中的各个部分的数据集合体。

第二节　数字艺术的发展历程

一、数字媒体艺术的“萌芽”期（1960—1970年）

20世纪50年代以后，计算机技术得到迅猛发展，同一时段，艺术家开始考虑怎样使用计算机相关功能来创作计算机图像。到1952年，美国数学家兼艺术家本·拉波斯基，以模拟讯号顺利得到电子图像，并将其呈现于阴极射线管的示波器上。他在用计算机制作出抽象图像之后，又研发了能够呈现出彩色的电子影像。到20世纪60年代，迈克尔·若尔博士在纽约市Howard Wise画廊举办的计算机艺术展览是世界上最早的数字媒体艺术展之一。由此，数字媒体艺术开始正式进入萌芽发展时期。

二、数字媒体艺术的“模拟”期（1970—1985年）

随着彩色屏幕能将计算机图像呈现出来，艺术创作者逐渐开始将各种艺术创作与计算机技术相结合。由此，数字媒体艺术正式开启“模拟期”。

1972年美国施乐公司帕洛阿尔托（PRAC）研究中心的艾伦·凯发明了交叠视窗。由此，众多艺术创作者开始由传统绘画形式向数字媒体艺术转变。

三、数字媒体艺术的“互动”期（1985年至今）

计算机技术高速发展，个人计算机问世，使得数字媒体成为信息时代中艺术创作的新工具。数字媒体艺术进入了“互动”的高速发展时期。个人计算机让数字媒体艺术被广泛使用，加快了其发展步伐。国际上许多计算机、软件开发公司都积极努力地为数字艺术开发软件。例如Adobe公司、Autodesk公司等，他们开发了大量的、便捷的、高效的数字艺术软件。如今，我们习惯将数字媒体艺术称为“CG（Computer Graphics的缩写，原义为“计算机图形学”）艺术”。CG艺术无论从软件到形式都在迅速发展，不但突破了人们对计算机应用范围的传统观念，同时开始朝双向互动创作的方向发展。大量的CG作品涌现出来。工作效率、视觉感受、逼真程度、应用范围不断优化，在生活中的应用场景也越来越广泛。

第三节　数字艺术与古村落传统文化

一、数字艺术在古村落活化保护中的优势

2019年6月6日，工信部向四家企业发放了5G牌照，这意味着我国正式进入5G商用元年，将加快5G共建共享、深化5G应用，进一步助推智能化、数字化转型和经济高质量发展。而5G技术推动的数字信息传播革命，为保护与利用传统古镇文化资源提供了新的解决方案。

古村落文化资源的数字化活化保护，能有效借助5G通信网络的传播优势，以数字技术为基础，用艺术的形式，对古村落文化资源进行保护与活化的方法。以数字艺术的形式重组文化资源、重构文化资源的传承方式、传播方法、存在方式，是“文化与科技融合”的创新之举。无论是从保存完整度、时效性来看，还是从传播范围、传播速度来看，或是从大众对咨询、讯息的接收习惯来分析，数字艺术都具有明显的优势。新兴媒介将借助5G通信技术，承载着更多的感官体验和信息数量，通过场景体验让移动互联网客户端用户获取更为优质的情境感受和情感交流。而场景作为交互体验的关键要素，不但可以将古镇的空间意象可视化，更能使其呈现出艺术与科技融合之美，这对古镇文化的保护与传播将发挥巨大的作用，同时对于古镇文化的利用更能起到促进作用，使其更加贴近用户的体验需求与迅速变化的市场情势。

二、古村落非遗保护中数字技术带来的法律问题

（一）法律制度问题

数字化技术带来的保护的便利可谓相当显明。从文化传播、宣传角度来看，要利用影像进行传播，从而提高公众对文化遗产保护的敏感性，展示性的非遗数字平台是一种有效的工具。同样应明确的是非遗数据库的管理功能。通过高级搜索工具、分析工具，对非遗项目的传承进行濒危检测，分析传承人年龄、数量等指标，对项目传承人进行管理，这些都是数据库内涵的一部分。在“大数据”时代，数据库功能从操作型需求、信息型需求进一步地倾向于决策支持系统发展，这是一个必然趋势。运用非遗数据的关联监测和分析来预测非遗保护与传承的轨迹，是切实可行的。

在非遗元素的法律地位问题上，数据库同样起到了十分重要的作用。联合国大学可持续性高等研究所的一份研究报告将现有数据库分为“消极保护”和“积极保护”两种类型。消极保护是指通过公开数据库，将一些传统知识放到公共领域，成为“现有技术”，如此就不能针对同样的技术申请专利，从而确保社群传统知识和传统文化表现形式不被抢注。而积极保护则是指构建特别权利体系（sui generis rights），给予传统知识以确定的法律地位。比如，秘鲁、巴拿马的立法中都明确指出了传统知识属于文化遗产，相关权利具有不可转让性。不可转让性是文化遗产研究中的一个重要概念，它保证了文化遗产元素不被商业化，如此，就无法在其之上创设对抗第三人的专属权利。社群中的一些个体也不能将某传统知识转让给第三人，从而破坏社群的整体利益。此外，将非遗元素纳入数据库也不会造成权利的转移，这都给社群的习惯法规则的适用留下了空间。

因此，数据库指认传统知识的持有者、明确惠益分享的受益者以及防止相关权利被不正当获取等功能，都有利于对非遗的保护、保存和传承。不过，也有一些社群或个体（包括一些学者）对数字化、普查数据库存在警惕，认为数据库内容一旦公开，就泄露了文化秘密、固定了文化形态。对此，有学者将非遗数据库比喻为“疫苗”：非遗数据某种程度的公开，也就意味着在公众视野中将该文化元素与其社群明确地联系起来，从而在非遗元素上形成抗性，使相关社群的权益不致流失。当然，如同疫苗，非遗数据公开也可能造成副作用：公开获取的数据库可能造成不必要的信息公开，甚至将原本属于文化秘密的信息放入公域。这也是非遗数据库法律制度需要探讨的重点问题之一。

（二）知识产权与公域问题

只强调非遗数据库带来的保护效应无疑过于理想化。不应忘记的是，“非遗”概念的前身“民俗”最初进入人们视野就是因为受到其经济价值和被不当商业化使用情势的影响。即使2003年非遗公约强调“立档”（documentation）只是一种针对非遗元素的保护措施，但事实上，在传统知识产权的视角下，数据库这个实体载体也是非遗元素的持有人获得相关知识产权的前提。前文所提及的“消极保护”和“积极保护”的数据库，其立足的逻辑仍然是获取或预防他者获取知识产权类的对抗第三人的权利。而在反对数据库工具的声音中，也有很大一部分是担忧信息流入知识产权的“公域”后，社群的权益受到损失——这种思考的出发点仍是传统知识产权法。

一些国家公开指责当代知识产权制度的西方中心主义问题，该立场在进入21世纪以后的WTO和其他国际贸易、投资领域的谈判中一脉相承，始终是争议最大的话题。在具有代表性的巴西保护原住民利益的新知识产权立法的讨论中，就有学者明确指出，必须摒弃西方民族中心的著作权条件，如作者是否在世、新颖性、作品必须固化（tangibility）等准则。在经典知识产权规则中，传统文化元素由于不符合这些判断准则，被认定为早已经“进入公域”。

整体而言，支持公域的主要理论是：它能使普罗大众便利地获取更多信息，扩展“观点的自由市场”，从而支持和激励创新。然而，理论界对公域并非没有异议，这里就必须提到“公地悲剧”理论。公地悲剧（Tragedy of the commons）是一种涉及个人利益与公共利益对资源分配有所冲突的社会陷阱。最早使用这个提法的是英国作家洛伊在其1833年讨论人口的著作中所使用的比喻。1968年，美国生态学家哈丁在《科学》上发表文章，将洛伊的概念加以延伸阐释。哈丁从经济学视角出发讨论自然资源管理，进一步阐释了著名的“牧场理论”：如果一片固定大小的牧场是一种公共资源，所有牧人都可以在其上自由放牧，对任何牧者来说，利益最大化的方案就是尽可能多地使用公共资源。然而，资源是有限的，最终的结果就是牧草消耗殆尽，公共资源的价值消失。哈丁的观点是：必须对公共资源进行管控，以避免过度消耗，这种观点也成为对公共资源立法的理论基础之一。此后，随着知识经济时代的来临，学者的辩论场域也从实体资源领域转移到了知识和信息领域。

而钱德尔（Chander）和森德（Sunder）两位作者在《公域的浪漫化想象》一文中，对哈丁的理论进行了思辨性论述。两位作者指出：部分人相信，通过立法将一些资源放入有所管理的公共领域中，这些资源就确实可以为任何人所用。他们问道：谁最可能真正利用起公域中看上去对所有人开放的资源？公域的大旗以所有人的名义举起，而实际上，这只是一种“对公域的浪漫化想象”。Chander 和 Sunder 的理论在知识经济的领域得到尤为显明的证实。事实是进入公域的传统知识和民间文化表现形式，需要有大工业的资金投入支持，方可能被商业化。若我们站在罗尔斯的“无知之幕”后去审视，商业化活动的主要受益者，显然不是那些同样被认为“也可以自由使用这些资源”的普罗大众。最终，决定“是否可以使用公域中的信息”的主要因素，是已有的知识、财富、权力、资格、技能。如此一来，公域变成了“马太效应”的实验场，多的更多，少的更少。如此，“公域”作为一个知产规则，在某种程度上为侵犯社群权利的行为提供了制度保护伞。一个主动“公域化”的例子是，美国杜兰大学法学院开发了一个名为“Durationator”（“时限管理者”）的在线工具，主要针对需要跨国使用（如网络发行）第三方信息或作品的企业，以便于其确认任何作品的保护期限。比如，若一个制片公司需要在其制作的影片中使用一幅油画作品，“时限管理者”可以帮助该企业确认这幅油画作品在哪些国家仍然受著作权保护，从而确保影片发行时不侵犯著作权持有人的发表权。愿意花钱购买此种服务的企业，当然都是尊重知识产权、值得褒扬的。然而，对于那些尚没有就国内传统文化表现形式进行特别知识产权立法保护的国家，其文化元素就被默认为“已经超过保护时限”，进入“公域”，成为可以随意开发的“公有”信息。非遗数字化一旦规模化，其传播和获取更为便利之后，若不能阻止此种“公域化”的行为，那么数字化就不再是一种保护，反而是对非遗及其持有社群权利的一种严重侵蚀。

（三）文化身份认同问题

在大洋洲这个非遗留存特别丰富的地区，原住民文化研究者也认同数字化技术很可能造成马太效应的观点，并提出“数字隔离”（digital divide）理论，认为发达地区的数字化技术发展将导致本来落后的民族和地区更加落后，数字化技术的运用很可能进一步加大国家和地区间的贫富差距和观念分化。因此，非遗数字化对传统社群是巨大的挑战，若其不能深度参与这个过程，最大的可能是数字化转而成为对其文化资源的剥夺的工具。这也是为什么 WIPO（World Intellectual Property Organization，世界知识产权组织）一直在加强努力，尝试推动传统社群地区的数字网络能力和设施建设。

的确，对不同地区的社群，非遗数字化带来的挑战大有不同。对部分在主权独立方面没有太大顾虑的发展中国家而言，非遗数字化带来的主要是经济价值方面的讨论；而对一些位于发达地区的原住民社群而言，非遗数字化可能被看作获取一定政治权力甚至争取政治独立的合法性、正当性的支撑。如此，与其他文化遗产类别（尤其是可移动文化遗产）一样，数字遗产也面临“文化国际主义”和“文化国族主义”之争。对此，最著名的研究者当然是梅里曼教授，他在其著名的《关于埃尔金大理石雕的思考》一文中支持文化国际主义理论。梅里曼在讨论来自希腊帕特农神庙以及现位于大英博物馆的“埃尔金”大理石雕的保存地时，认为应当优先设立“国际监护人”（guardianship），他指出只有这样才能确保相关物品得以完整保存。文化国族主义则更趋向于文化遗产在国家政策以及“国族”中的身份地位，文化国族主义者认为文化遗产只有在其原生地环境中才能显现其价值。地方性的文化实践对文化身份的形成至关重要，而对这类文化实践的地方性控制同样是文化身份形成的重要条件。换句话说，如果地方性控制缺失（典型的例子是殖民地的奴化教育），则地方性文化实践的消逝将导致地方文化身份的崩溃。

这两种观念的相持不下在非遗问题上展现出新的层面。一般而言，非遗被认为与地方性社群的文化直接挂钩，如此，国际主义的理论似乎难以像在讨论一个历史遗迹或一尊希腊雕像时那样，将“某个社群的特殊性的文化元素”论证为一种“全人类的遗产”。因此，一些人认为文化国际主义将会导致“无视社群文化自决的主张”。更进一步来看，数字化非遗档案如果通过互联网展现，就不受物理条件的限制，将传播至全世界。如此，不难理解有“文化国族主义”倾向的社会思潮大力抨击非遗数字化传播，即既要世界范围内可获取，又要保证其来源社群对其的控制，而此种平衡并非显而易见。而Lixinski（李新基）则从不同于梅里曼的视角论证文化国际主义的合理性。他指出，在国家对社群文化遗产过度政治化控制的背景下，文化国际主义也可以成为社群争取自身权利的一种途径，正如同国际人权法的发展能使个人在一些时候可能对抗其所在国国家对其的不公平待遇。如此一来，如果说文化国际主义最初是殖民帝国的理论工具，那么它在一定背景下也可以被转化为社群争取自决的政治途径。

此外，在一些情况下，非遗保有社群也是出于对文化身份的考量而反对非遗信息的数字化。有时候是由于原住民对跟随殖民者到达被殖民地的人类学家采集的数据的所有权的争议，原住民认为人类学家获取信息的行为是依附于殖民活动的，因此其对获取的非遗信息不具有合法的所有权，也就不得数字化使用。另一些时候，原住民认为殖民者保留的文献不符合他们期待中的当代的文化身份认同、他们想要展现的自我形象，或者不符合他们认为的合适的流通或使用方式。当下的数字化遗产的大潮，给社群造成了更多“焦虑和困扰”（Anxieties），此时，社群参与非遗的保护程序也就是他们谈判（表明自己态度）的机会：哪些可以成为“世界数字遗产”，哪些不应公开。因此，为尊重非遗来源社群的权益，通过法律制度的构建或调整确保其在数字化过程中的参与变得必不可少。

最后，非遗数字化还必须面临一个哲学问题：从其定义来看，“非遗”的天然属性是不断发展，而数字化则是要寻求稳定，固化一个现象。博物馆学家卡梅隆（Cameron）指出，在遗产数字化的浪潮中，缺乏批评性的话语；数字化也是全球化浪潮的一部分，“尽可能让公众获取”的努力可能会造成对“文化遗产数字化”概念的过度消费，并进而导致文化遗产的异质化。因此，首要的需求是明确数字化的目的：“要记忆，还是要使用？”二者之间固然并不一定对立，但目的的倾向性会导致不同的研究路径和解决方案。最终，只有符合社群文化身份认同的非遗元素才是“非遗”，也才有数字化保存的意义。那么，是否应当认为，也只有社群才能做出“是记忆还是使用”的倾向性选择？

面对上述这些问题，其实最终需要考量的是：既然 2003 年公约是一个由社群推动、意图凸显社群在文化遗产保护中的地位、保护社群权益的尝试的结果，那么究竟社群自己想要什么？这个问题不容易回答。如果从实践中社群的具体主张来看，有时候他们关注的是文化元素本身，有时候是文化元素的载体。安东斯（Antons）等人通过分析南太平洋地区的土著人调查，总结了“社群要保护传统文化元素的理由”：从根本上来看，保护物质的或非物质的文化遗产，其目的并不为保护某个具体的文化元素，而是为保护其承载的文化价值。的确，法国著名法学家、文化遗产法学科的奠基人之一莫朗 - 德维耶（Morand-Deviller）教授就曾在论述法国大革命之后的建筑遗产立法保护时，精辟地将法律意图保护的“历史遗迹”定位为“动员和统一的神话”，直指文化遗产立法的核心乃是为王权消失之后的法兰西共和国提供一个民族统一的身份认同。只不过身份认同作为核心推动力，在那个时期是通过可移动或不可移动的“文物”来体现的。而今天，“非遗”概念可说是补全了作为上位概念的“文化遗产”的内涵，将非遗与“物质性文化遗产”统一起来的连接点当然就是“文化身份认同”。不论学界对“身份认同”的政治化使用或是由之而来的“身份政治”思潮有多少批判和反批判，其在一定程度的自发性也是一个不争的事实。

反观“非遗”概念形成的历史，我们必须认识到，很多社群，尤其是传统社群，在很大程度上是被工业化时代“挟持”而推入到全球知识经济的洪流中去的，这正是南美国家最初提出保护“民俗”的起点。同时，社群经常需要面对的情形，是其所在的主权国家在国家意识形态的影响下，对文化实践进行一系列的过滤、重构、包装，从而将社群的文化实践转化为国家的公共文化、构建关于国家文化身份的官方话语。在此种“遗产制造”的进程中，社群的声音常常再次被掩盖。于是，社群不仅面临着文化和生物资源的流失问题，也面临着对其文化身份认同的威胁。他们当中的一些人主动表达或者通过所在的主权国家表达出保护其文化身份认同、阻止其文化信息被商业化，或者要求商业化的经济回馈和共享的诉求。在社会、经济和商业活动高度数字化的今天，这种诉求必然会在非遗数字化进程和数据库建设过程中体现出来。在此过程中，如果社群不仅仅满足于被动地被这种洪流推向其难以掌握的方向，就需要清楚地认识到自身在非遗保护保存这个国家行为中的地位，直面这一过程中复杂的权利关系和权益配置等问题，并在不突破国家机构运作方式框架的前提下争取自身最大的利益。因此，研究非遗数字化进程中的各类法律问题，厘清其间的权利关系，将是保护社群作为非遗的主要承载者和看守人的基本权益，也是保护保存非遗的必要前提。

三、传统村落数字化保护功能及数字化平台系统功能

传承我国传统村落文化遗产，就需要对其进行活化和保护。活化古村落文化遗产，决定了其数字化保护功能的多元化。传统单纯的记录形式不仅在留存方面含有风险和不确定性，还无法满足活化传承的需求。古村落数字资源库、信息化平台、数字博物馆等数字信息化展示平台，通过互联网能够面向大众，进行文化的宣传与推广。首先，将数字信息平台作为大众教育的载体，需要增强传统村落历史文化的普及能力。其次，作为政府单位、科研机构，对古村落数据收集、调研的管理平台，为了让平台和用户得到更加全面、准确的数据和资料，需要其拥有庞大数据资源和数据检索功能。最后，作为宣传和推广平台，为用户提供旅游、食宿等信息，其需要具备实时更新和智能推荐功能，并且为了扩大宣传范围和推广效率，平台需具备快速、便捷的传播功能。

第四章 古村落活化保护研究

古村落活化保护需要从多个角度出发，因而在实践过程中，需要涉及对多个方向的研究，比如古村落空间及文化的演替、古村落景观建筑、古村落开发价值的评估、古村落社区利益、古村落可持续发展以及古村落旅游开发管理等，本章正是对以上内容展开研究和探讨。

第一节 国内外对古村落活化保护的研究与实践

一、国外古村落保护相关研究

国外对于传统村落的研究受到其他学科的影响较大。1930 年法国颁布《风景名胜区保护法》，对具有美学、文化和科学价值以及画境特色的传统街巷进行保护，这是世界上第一个提出保护村落的国家性法律法规。

1964 年《国际古迹保护与修复宪章》中指出：历史古迹保护要找出一种独特的文明、一种有意义的发展或一个历史事件见证的环境。1972 年在《保护世界文化和自然遗产公约》中，从历史、艺术、科学角度对具有突出文化和自然价值的文物进行集体保护。1976 年通过的《关于历史地区的保护及其当代作用的建议》明确指出历史地区包括史前遗址、历史城镇、老城区、老村落及古迹群。1982 年通过的《关于小聚落再生的特拉斯卡拉宣言》再次对其做了专门阐述。1999 年在《关于乡土建筑遗产的宪章》中指出村落保护应尊重文化价值和传统特色，通过维持和保存传统建筑群来恢复村落乡土性，并通过社会各个阶层共同完成。

随后，有关传统村落和乡土建筑的保护研究文献日益增多。鲁道夫斯基于 1964 年出版的《没有建筑师的建筑》，通过传统村落的照片展示乡土建筑的艺术魅力。保护方法从分散式向整体式转变。国外针对传统村落保护的实践各具特色，如日本颁布的社区法律中禁止大拆大建，采用原材料进行小范围修缮，保留历史、文化的痕迹，德国成立相应的遗产保护机构，积极提倡全民保护，法国提出生态博物馆的理念，提倡原住民保护传统建筑以及维持民俗特色，并给以资金支持。

随着工业化进程的加快，发达国家也开始反思传统村落文化认同感的淡漠。保护的范围逐渐从一般范围实体村落和建筑向非物质文化等传统文化拓展。

二、国内古村落保护相关研究

国内传统村落文化的发展和保护受到多种因素的影响。顾朝林教授的《中国城镇——历史·现状·展望》分析了中国城市的起源和产生，从宏观方面论述了自古以来我国城镇的发展特点，但是对于古镇具体的空间研究涉及较少。当前我国的传统古镇、民居方面的研究也取得了很多成果，对于局部地区的传统村落研究数量尚少。

实际上，对于村落的关注始于20世纪80年代，彭一刚院士在《传统村镇聚落景观分析》中谈到村镇聚落空间的价值，人工环境与自然环境的和谐关系，建筑与环境如何结合为一个整体等问题，将重心切入传统的古村落。陆元鼎教授、李先奎教授主编的《中国传统民居与文化：中国民居学术会议文集》，从民居和乡土建筑的角度分析了众多古村落，但没有从文化空间的角度上进行系统的研究。

段进教授对太湖流域的古镇空间进行了系统的分析，为太湖流域的古镇保护与开发提供了理论基础。同时对徽州古村落西递、宏村进行了考察研究，从“自上而下的主导因素”和“自下而上的自组织过程”分析了村落空间形态。他从村落整体空间层面、村落内部空间层面、村落组团邻里层面和村落住宅单体层面来分析村落空间形态及构成特点，对空间和文化进行解析，概括了建筑单元平面和界面模式化特点在此层面的体现。传统村落通过无意识的形式传递文化和社会本性，对徽州古村落的保护与开发提供一定的理论依据。

阮仪三教授对周庄进行研究后指出，目前传统村落的问题表现在保护观念偏差、生活与环境质量恶化、老龄化和空废化等方面。提出保护要处理好保护与更新的问题、旅游与生活的问题，对古镇的建筑及空间治理应采取保留、保护、改善与更新等不同的保护与更新方式。其主持设计的众多古镇保护规划被称作“里程碑”，他认为历史文化的保护应遵循原真性、整体性、可读性和可持续性原则，保护并不是短期行为，而是可持续的态度，存留的不同村落该有不同的空间结构和形态。

张先进教授认为，村镇保护要有一个科学的保护规划，应分为保护区与协调区，在保护范围内，对重点历史街区、重要节点、重要建筑提出相应的保护措施与风貌恢复的要求，从物质空间、环境和非物质三方面使村落散发独有的乡土气息，所展现出来的自然环境和地域文化的独特性才是村落持久的魅力所在。古建专家庄欲光教授认为，保护应该更加注重城市格局、街区、成片街巷和水系的保护，实际上是将保护上升到了空间系统工程。

季富政教授在《三峡古典场镇》中分析重庆地区的众多古场镇，介绍了历史沿革、环境选址、社会形态、街坊结构，并对有纪念意义的建筑和居民空间进行描述。

卢世主教授在《城镇化背景下传统村落空间发展研究：井冈山村庄建设规划设计实践》中，针对井冈山村落建设的普遍性问题，提出与之相对应的保护规划策略及适应传统村落的合理建议，确立乡村居民建筑更新的导则，提出乡村与城镇空间联动建设以及空间利益协调的规划策略。

国内的空间研究处于起步阶段，湖南省传统村落众多，但是名气和影响较小，在众多学者提出保护与发展的基础上，运用现代空间理论进一步对文化空间的认同与适应层面进行研究显得尤为重要。

回顾相关文献，对研究内容、对象、方法进行分析，可知国内有关传统村落的研究具有以下两个特点：①研究内容上，从技术角度对村落研究较多，自然和社会环境对村落影响的研究次之，有关文化空间的研究较少，研究文化空间的认同与适应性保护急缺。②研究方法上，系统性和学科交叉研究较少，各个学者都是从各自学科层面研究传统村落，缺少多个学科之间的交叉研究。从社会环境、自然环境等因素剖析影响传统村落文化空间的因素，有助于我们认识村落内在发展机制，从新社会背景下分析传统村落文化空间的认同与适应保护研究，能更好地为村落的发展与保护提供科学策略。

第二节 古村落空间文化演替研究

古村落空间文化演替研究可以从聚落空间和文化空间两个方面展开。

一、古村落聚落空间的演替

中国古代对聚落空间的理解和追求，深受中国传统空间观念和审美观念的影响。它不同于西方古代聚落建筑理念所追求的形式美原则，即外观的形状，也就是通常所说的“几何体量”。中国传统村落的建设强调空间“物境”“情景”“意境”的交织与融合，深受封建社会宗法礼制的影响。这些想法贯穿于村庄的空间布局和建筑建设，进而形成了传统村落独特的空间形态，这也使得中国学者从文化地理学、制度文化、美学等方面开始关注传统村落的空间形态、空间意象和演化过程。

有关传统村落演替及模式的研究主要集中在历史变迁、旅游转型和演化模式等方面上。有学者认为传统村落的旅游转型是传统文化继承与发展的一种途径，能促进民居的保护与更新，也是乡土聚落与市场接轨的一种方式，提出针对不同现状、类型、特点的传统村落，应采取不同的转型方式，如以改建、新建为主的旅游转型，以保护整修为主的旅游转型。在演化模式的研究上，有的学者提出在保护的基础上通过居民参与、旅游开发提倡一种整体的、自发的、延续的，能统一社会利益、经济利益、环境利益和城市文化利益的演化模式。金乃玲开展了皖南古建筑保护与利用模式研究，提出旅游型保护模式、置换型保护模式、研究型保护模式、重建型保护模式和迁移型保护模式等。

二、古村落文化空间的演替与发展现状

村落面貌是由物质生活、文化传统、地理环境等诸多因素综合作用的产物。一个村落的文化积淀越深厚，个性就越强，特色就越鲜明。但随着城镇的建设和发展，大量建筑设计盲目追求欧美风，只强调建筑形式上的独特和现代化，缺乏与历史文化环境的融合，导致村落的民俗文化、地方特色、传统习俗逐渐被削弱甚至丧失。新文化与历史文化的矛盾在发展中是必然经历的，如何使新旧之间相适应、传统与现代之间有序融合是村落保护的重点。

（一）人文环境日渐衰弱

生产关系和生产力的发展导致经济发展，生产方式、经济制度、经济流通等诸多方面都对传统村落的发展产生一定的影响。在农耕社会，农业生产是生存和发展的基础保障，村落的选址都以“环山绕水，良田阡陌”为最佳的农业生产择地原则，自给自足的小农经济模式影响了村落的格局发展，这一系列因素形成了相对紧凑的村落布局。同时，科学技术的发展代替了以畜力和步行为主的传统交通模式，促使过境道路逐渐发展成为商业街道，改变了村落原本的街巷空间格局，影响了街道、河流域建筑物之间的比例调控的空间图景。改革开放后，经济发展带来农村产业结构多样化，大量劳动力拥入城市，使得老建筑年久失修、无人问

津，走向衰落，新世纪的现代化生活也促使传统村落的空间特色和乡土风貌加快衰落。

（1）从经济层面上看，传统村落的人文环境衰弱体现为经济水平低下、结构单一、地区发展不平衡。①经济结构较为单一，一般村镇的生产总值构成以农业占比较高，而商业、加工业、旅游服务业占比较低，证明传统村落的经济结构还是以单一的农业生产为主，缺少多元化的产业结构，在一定程度上有碍村落的发展，加快经济结构调整是目前村落发展的经济要求。②传统村落的区位和自然条件对经济发展产生影响。靠近大城市的村落经济一般较为发达，而一般传统村落远离大城市，受到的影响相对较小，经济与大城市相比较为落后。

（2）从社会层面上看，传统村落的人文环境衰弱体现为社会异质化程度高、人口外流与老龄化程度高、村落贫困化和村民受教育程度低。①原住人口减少和外来人口的增加引起人口构成比例产生变化而导致社会异质化程度高。一方面因为土地改革，外地人口迁入村落，改变了人口构成；另一方面改革开放带来的宽松政策，村落原住人口因工作、求学、婚配等原因迁入城镇，城镇人口则进入村落或租或买，是使社会异质化进一步加深的重要因素。②传统村落人口外流和人口老龄化问题严重。从20世纪50年代后期开始，我国逐渐形成了户籍管理制度，限制农村人口流入非农产业和城市，改革开放前的三十年里，我国农村人口的流动性相对较弱，改革开放后为适应社会主义市场经济体制，国家适时调整政策，逐步放宽对农村人口流动的限制，从限制农民流动逐步转为接受人口流动。由于经济发展普遍落后，村落内就业问题严峻，劳动力外出就业主要以向城镇转移为主。村落赶不上城镇现代化发展的基础设施和配套生活设施，村落内大部分年轻有能力的劳动力及其家属外出打工或求学，常年居住在城镇。青壮年劳动力大量转入非农产业的城镇，只有老人留滞在村落中，致使老龄化和人口外流现状严重。③村落经济落后和人口外流必然带来村落贫困化，表现为贫困人口多，就业率低。村落人口平均受教育程度较低，滞留人口以老年人为主，大多受教育程度不高。对文化遗产的保护意识相对匮乏，村民的日常生活对村落文化遗产造成了不同程度的破坏。

（二）村落形态遭到破坏

1. 村落格局演变

传统村落空间形态的适应性随着内外因不断地转变重构，改变空间特性，这种空间结构是在长期的发展演变中形成的相对稳定的结构，是适应传统社会组织关系、价值观念、小农经济及传统公共生活的产物。自20世纪70年代以来，城镇经济快速发展，农村的生活观念和价值观念发生了很大变化，在多种因素的作用下，传统村落空间因不适应聚落社会发展而受到严重冲击。“1985年到2001年，在不到20年的时间里，中国传统村落的数量从940 617个锐减到709 257个。仅2001年一年，在中国延续了数千年的村落，就减少了25 458个，平均每天减少70个。”大量数据证实了传统村落在面对新的外部环境时表现出的不适应。

在城市化的冲击下，村落家庭结构发生了变化，极具地域本土特色的传统建筑空间环境顿显落后且不适应时代发展，导致传统建筑原型及传统村落建筑空间环境成为空壳被遗弃。而新生的村落空间形态在展现新世纪的文化元素的同时，又丢失了传统地域文化特色和传统空间文化内涵，充满着浓郁的现代气息，遗弃了传统自然的和谐美，破坏了整体空间网络关系。

很多传统村落的村落格局在诸多因素的影响下逐渐发生转变，且转变趋势有加剧现象。第一，村落肌理基本保存。一些传统村落内众多院落、街巷、河流、池塘相互穿插，形成了不规则的空间肌理关系，虽有多处新建筑，但由于建筑尺寸不大，并没有对村落肌理造成严重破坏。第二，街巷尺寸逐渐演变。一些村落的街巷空间随着历史上传统村落的形成而确定，具有随机性的特点。街道随民居的边沿聚集延伸，近年来为适应交通和人流的需要，部分街道有延伸、拓宽等现象。特别是交通工具的多样化，以往的道路不适应各种工具车辆的通行。在道路铺设上虽然大部分村落路面为原有材料铺设，但新建筑仍有少量水泥铺面相互穿插，加上没有明确的规章制度，村落的车辆随意停放，这些也是直接或间接造成村落格局破坏的因素。第三，传统公共空间弱化。随着生活方式的改变，传统村落许多特定用途的传统公共空间正在逐渐衰弱甚至消失，比如村落的庙宇、戏台、古井和祠堂等。

2. 传统建筑保护力度不足

随着村落不断发展，出现了越来越多的新建筑，这些建筑在建造过程中对尺寸、色彩、材料等没有统一的要求，部分传统建筑出现破损后没有得到及时修缮，导致传统建筑减少。近年来，由于部分建筑无人使用，缺少日常的维护管理，破损严重，在遭遇暴雨等恶劣天气后，容易出现房屋破损甚至倒塌的现象。伴随着社会经济的发展，城市和农村的信息不断交流融合，加之现代化设备的引进，在一定程度上引发村民对生活质量的追求和模式上发展的需求。客观上可以认为是社会进步的标志，但是当一个建筑不适应生活发展需求时，所面临的问题就有所不同。

（三）人工环境破败

虽然近年来对传统村落及文化空间保护做了一定的工作，但是由于广大农村群体保护意识不强，保护资金缺乏以及村落本身发展等原因，大量的传统建筑无法得到较好的保护，主要体现在以下几方面：

1. 建筑布局较为混乱

多数传统村落都是在长期的历史发展过程中自然形成的，各部分的形成时间不一样，缺乏强有力的统筹规划措施，建筑布局的随意性较大。依靠山势或者溪流而建造，功能分区不明显而导致布局混乱。许多传统村落因为开发或人口问题，各自独立的建筑逐渐扩展为建筑群，导致区域建筑密度偏高。

2. 基础设施比较简陋

除了个别发展较早的外，大部分古村落都存在基础设施陈旧、缺乏相配套的设施、历史建筑年久失修的问题，严重影响了历史建筑的安全性和舒适性，削弱了政府和村民对村落保护的积极性。落后的基础设施包括给水排水、供电供暖、环卫和民居及建筑面貌等，资源共享性较差，这些因素都会影响村民的生活质量。

3. 村庄交通不便利

传统村落道路因为规划不强，以自然生成的道路占据村落道路的大多数，多为石板小路和普通的街巷。随着社会经济的发展，村落生产生活对各种交通工具的需求度增强，原有道路不能适应现在的交通需求。

4. 传统建筑破坏严重

传统村落建筑普遍存在年久失修和产权复杂等问题，村民不愿意或无多余费用对历史建筑进行维修，传统建筑的维修难度要远比现代建筑大，地方政府和村民难以承担高额的维护费用，一些代表村落风貌的建筑物如古戏台、宗祠、庙宇、古井等以及具有代表性的自然物如古树木等，都面临着被破坏的危险。

5. 规划设计无特色

目前对历史建筑的保护设计水平不高，存在众多的复制抄袭现象，而且施工修缮水平低下、质量粗糙。有些规划设计者对当地具有历史文化和底蕴的传统建筑类型认识不到位，对传统材料和维修技术工艺的研究和积累不够，这严重影响历史建筑保护修缮工作的正常开展。古建筑技艺精湛，体现着前人的生活经验，传统技术的传承和发展不容忽视；但随着社会的发展，现代化材料和技术对传统工艺及材料的冲击，传统工匠艺人的断层都成为影响历史建筑保护和利用的问题。村落整体规划的编制进度跟不上开发建设的速度，对保护范围的划定存在误区，而且在村落规划方面还没有形成普遍认同的规划理论，关于如何保护和建设协调更是没有具体的理论指导，村落特色和科学性规划面临着挑战。

总而言之，传统村落文化空间出现的问题，具体因素包括：

（1）影响文化空间认同的问题因素：首先是观念守旧，研究乏力。村民审美观念随着社会进步产生转变，现代生活方式的多样导致村民价值观的多样性，保护观念的滞后性对传统村落的保护进程形成较大阻碍。其次是文化缺乏特色，千村一面，表现为20世纪以来传统村落文化急剧消退或濒于消失的现象，社会大环境的改变使传统文化在传统村落中逐渐消失。在保护发展过程中传统文化的形式和内容被有意或无意地篡改，背离了源文化，导致文化特色流失，文化空间的保护便无从谈起。再次是保护策略模糊不清，制定不适宜。保护和发展的认识关系不清晰，在保护文化空间的基础上寻求传统文化的开发。在开发的过程中以保护为先。传统的生存环境落后于现代生活的发展，表现出传统与现代的不相适应问题突出。如何探索出一条保护与发展双赢的最佳途径是传统村落文化空间保护面临的一大难题。最后是制度层面，表现为国家和地方两个层面的法律保障机制滞后，保护体系的法律法规还不完善。行政保障机制管理低效已经成为传统村落保护的突出问题。经济保障机制较为匮乏，阻碍了村落保护的有效进行。公众参与机制水平低，在保护工作进行中公众参与的程度在层层弱化，如何使公众参与渗透在村落的各个方面成为文化空间保护的前提和难题。

（2）影响文化空间适应的问题因素：首先，从经济层面分析。传统村落的人文环境衰弱体现为经济水平低下、结构单一、地区发展不平衡。从社会层面分析表现为社会异质化程度较高、人口外流与老龄化程度较高、村落贫困化和村民受教育程度偏低，以上都是导致传统村落文化空间衰落的内在因素。其次，从宏观角度研究，体现为自然环境的破坏，包括在城市化的冲击下，村落格局演变和传统建筑保护不力。再次，从微观角度分析，表现为人工环境破败，包括建筑布局混乱、基础设施简陋、道路狭窄、传统风貌破坏和保护规划无特色等，都是现阶段传统村落保护急需解决的重要问题。

第三节　古村落景观建筑研究

一、古村落景观建筑保护面临的问题

（一）保护意识薄弱，景观破坏严重

随着经济水平的提升，旅游业得到空前发展，再加上国家对传统村落建设的扶持，对传统文化传承的重视，使得古村落成为文化旅游的主角。这确实推动了古村落经济发展与建设，但从另一个层面来说，古村落人流量加大，部分游客素质低下，缺乏文化保护的观念，在游玩过程中对古村落景观建筑造成污染和损坏，不仅造成了不可估量的经济损失，而且破坏了珍贵的历史遗存，给史学家研究古村落历史造成不便，这一后果是十分严重的。

（二）改造标准统一，建筑形式趋同

在城镇化背景下，古村落房屋建设有时脱离其原有风格，按照现代城镇标准进行改造，所以，古村落的每间房屋在外在形式上都是一样的，导致原住居民对这种新的建筑风格感到不太适应，无法主动参与到村庄开发和建设的过程中，产生十分严重的疏离情绪。

（三）商业气息浓重，文化价值遗失

在我国古村落开发与保护过程中，人们更多地看重古村落的商业价值，而忽视其文化价值。所以在参观游览古村落时可以发现，现代化设备越来越多，使用频率越来越高，侵占了传统村落文化的生存空间，使得古村落多了一层浓厚的商业气息。

二、古村落景观建筑保护的具体措施

（一）保留村落古风古俗

古代流传下来的习俗一般都具有象征意义，或者为了纪念一位祖先，纪念某一事件。比如现在端午节的龙舟比赛是为了纪念屈原，中秋节的月圆之夜象征着家人的团聚。在城镇化的建设中，如果强制性地让古村落村民与现代生活的人们的生活方式同化，很可能引起他们的强烈不适与反对，进而引发不必要的冲突，不利于城镇化的改革。保留当地的传统习俗，也有利于外人了解当地的风俗习惯，

可以使双方更加有效、更加快速地建立起深厚的友谊，为古村落景观城镇化的发展路线提供有力的保障。

（二）保留村落建筑风格

一座熟悉的建筑可能会使居住者产生归属感，感觉自己是整体的一部分，慢慢地离不开这个自己长期居住的地方。比如陕西房子的建筑风格被外人形容为八怪之一，大致意思是房屋只盖半边，另外半边是竖直的墙壁，这可能也与当地的地理位置有关，所以陕西的人们如果到外地见到这种建筑风格会感到格外地亲切，由此可见，建筑风格对当地居民的影响程度有多么地深刻。

（三）科学控制游客人数

随着国民生活水平的提升，更多的人开始追求愉悦舒适的生活，追求见识的增长，于是旅游成了很多人的娱乐选择。古村落作为重要的旅游景观，受到了大众的欢迎。但是旅游人次太多，再加上一些游客缺乏环境保护意识，难免会给古村落景观造成破坏。所以，我们应该科学合理地控制游客人数。一方面实现古村落和外界环境的交流，另一方面满足游客的各种需求，同时保证古村落环境不被破坏，这样才能实现古村落的可持续发展。

第四节　古村落开发价值评估方法研究

目前，国际上最为常见且得到认可的历史文化遗产评估方法有 3 种，分别为层次分析法、灰色聚类法和综合评价法。

一、层次分析法（Analytic Hierarchy Process，简称 AHP）

1. 概念

层次分析法是将与决策总是有关的元素分解成目标、准则、方案等层次，在此基础之上进行定性和定量分析的决策方法。

2. 评估步骤

层次分析法的评估步骤大致可分为四个步骤：①构建评估体系；②设计调查问卷、专家打分；③构造判断矩阵、设计权重；④确定评分标准。

二、灰色聚类法（Grey Clustering Method）

1. 概念

灰色聚类法是以灰色系统理论（Grey System Theory）为基础衍生而来的。灰色系统是指既包含有已知信息（白色），又含有未知的、非确定信息（黑色）的混合系统。通过对灰色系统的白化，可以呈现出系统的本来面目和变化规律。灰色聚类法的实质是充分、合理地利用已知信息来代替未知的、非确定的信息，从而对灰色系统的本质属性进行分类识别，并给出客观、可靠的量化分析结果。

2. 评估步骤

灰色聚类法的评估步骤可分为四个步骤：①确定评估体系；②确定评分标准；③构造白化权函数、计算权重；④确定聚类等级。

三、综合评价法（The Number of Comprehensive Evaluation Method）

综合评价法是在现有的以“评优”为目的的评估体系上，建立可以服务于整个保护过程的综合评价方法，针对同一个价值构成要素形成“特征评估—真实完整性评估—保护措施评估—监测预警评估”的动态评估体系，旨在提高评选的合理性，提高保护的有效性。

层次分析法是先通过专家打分确定权重，后评分，人为影响较大，但目前应用最广、最成熟；灰色聚类法先评分，后通过数学计算确定权重，人为影响较小，但应用很少；综合评价法区别于以上两种方法的是增加了纵向层级，建立针对同一个价值构成要素的动态评价体系，目前该方法还处于理论研究阶段，尚无实践应用。

第五节 古村落社区利益研究

一、开发商与社区居民之间的利益矛盾

旅游开发是古村落开发保护的主要措施之一，也是给古村落居民带来收益的有效途径。那么在旅游开发过程中，旅游开发商与社区居民也存在利益矛盾和利益博弈，双方博弈焦点就是社区参与和旅游收益的分配。

一般情况下，地方政府通过招商引资等途径，引入旅游企业，该企业获得古村落的旅游资源经营权，并享受一定的优惠。由于旅游企业具有资金支持和技术优势，同时，开发商也要追求利益最大化，于是在古村落旅游开发建设过程中，可能会忽略甚至侵害古村落居民的利益。这样一来，村落居民并没有享受到土地和古民居等其他古村落旅游资源增值带来的外溢效应，并承受各种负面成本，那么古村落居民和开发商之间必定产生冲突。这也是阻碍古村落健康发展的一大因素。

总而言之，为了保证古村落持续健康发展，我们应当把利益协调放在首位，科学合理地处理各利益主体之间的关系，实现利益共赢。

第一，建立平等的谈判协商机制。以保障古村落居民土地权益为首要前提，加强古村落旅游用地的科学管理。地方政府掌握着古村落旅游经营权转让的实际权利，在分配时应该更多地照顾村落居民。

第二，建立各利益主体间的沟通和表达渠道。促使各利益主体表达各自合法合理的需求，使其互相协作。

第三，建立严格的监督约束机制。加强对旅游开发商过度开发利用古村落旅游资源和破坏生态环境的违规行为进行监管整治和惩罚，使其违法成本远大于其违规经营的额外收益，以做到对古村落的科学保护与开发。

第四，建立公平的利益分配机制。各利益主体应本着平等互利、合作共赢的经营理念进行利益分配，并对社区居民所承担的负外部性成本进行合理补偿。此外，还应保障社区居民参与古村落旅游的权益。

二、引导利益相关者共同参与村落开发保护

1. 政府积极主导

传统村落保护纵向涉及中央、省、市、县、镇等各级政府，横向与政府规划管理部门、文物管理部门、土地管理部门、旅游管理部门等职能部门相关，政府是传统村落保护最重要的责任和实施主体。政府主要通过三个方面对传统村落的保护发挥主导作用。第一，通过宏观引导来干预传统村落的保护与发展。各级政府通过法规政策和保护规划等的制定，确立传统村落保护的制度框架，并依据该框架引导和干预传统村落的保护与发展。第二，通过公共财政投入用于传统村落中的传统建筑的维护修缮、基础设施和公共服务设施建设等。各级政府通过各类财政拨款来支撑传统村落保护所需的资金。第三，通过行政手段控制传统村落的破坏性建设。

2. 多元主体参与

传统村落保护需要在政府发挥主导作用的基础上，调动村两委、村民、旅游公司和民间组织等利益相关者的广泛参与，使他们在共同理解传统村落遗产价值的基础上，形成保护与发展的愿景和目标，并就传统村落遗产保护和社区发展的相关行动达成共识，所以应建立多元利益相关者参与保护的长效机制。除了政府需要发挥主导作用之外，村两委、村民、旅游公司和民间组织都应在保护中体现其应有的作用。村两委由村民选举出来的村民代表构成，在保护中既是政府保护管理的协助者，还在村民与其他利益主体之间的沟通中起到桥梁的作用。作为传统村落的建造者和传承者，村民是保护最直接的利益相关者和保护行动实现的主体，是真正意义上的强有力的保护者。通过对保护过程的参与，村民可以深化其对村落遗产价值的认知，表达自身对保护行动的看法，与其他利益相关者共同协商决策，使得保护行动可以在村民的参与、配合和支持下得以顺利有序地开展。介入传统村落旅游开发经营的旅游公司是传统村落保护的重要协助者。旅游公司一方面通过传统村落的私有传统建筑修缮、村落环境维护、景区经营管理等协助政府进行保护管理，另一方面通过与村集体和村民共享遗产资源适度开发所带来的经济收益来促进社区发展，以提高村民保护的积极性。而民间组织同样也是传统村落保护重要的协助主体，它一方面通过对传统村落相关保护知识和理念的宣传提高村民的保护意识，另一方面通过组织公众参与调动更多的人参与到传统村落的保护过程中。

传统村落保护应建立利益相关者参与保护的长效协商机制，在保护全过程充分提供利益相关者主动表达看法和深入交流探讨的机会。比如，地方政府在对将传统村落纳入法定或行政保护体系进行申报时，需要征询利益相关者的意见，并对其进行动员，在编制传统村落保护规划时，需要利益相关者在共同理解传统村落的遗产价值的基础上，形成保护与发展的愿景和目标，在实施保护规划时，需要利益相关者就遗产保护和社区发展的相关行动达成共识。而且政府须就任何一项有争议的保护措施对其他利益相关者进行详细解释和论证，并就对传统村落保护提出的意见和建议采纳与不采纳的结果及理由对其他利益相关者予以说明，使得利益相关者都能在保护过程中充分表达自己的意愿和看法，在避免利益相关者之间出现矛盾的基础上实现互相理解、启发和监督。

第六节 古村落可持续发展研究

一、古村落文化可持续发展的需求

古村落经历了历史的变迁，凝聚了人类农业文明的结晶，体现了人与自然和谐共处的智慧，是传统文化的“活化石”。在古村落发展过程中，人们的农业文明长期作用在自然基底上，形成了数量众多、类型多样、内容丰富的古村落文化景观。这些文化景观不仅拥有美学价值，更承载着村落发展的烙印和人类的农业文明，然而在现代化快速建设的进程中，我们的古村落文化景观遭受着前所未有的冲击和挑战。一些古村落原有传统思想和风俗习惯在现代文明的影响下逐渐遗失；原始的社会结构在城市化的冲击下分离解体；许多凝聚着传统文化和先人智慧的古建筑、老街巷日趋破败；村落质朴的环境风貌和优美的自然环境也相互割裂；村落中人口大量流失，原生的人文活态场景不复存在。以这样的状态发展下去，可能后代人将感受不到这些承载着村落记忆的文化景观——老街老巷，老屋老房，旗鼓墩、滴水檐、铺板门、格子窗，青石板铺成的繁华街巷，质朴清新的田园风光，回响在村落中的传统民乐等。这不仅是物质的丢失，也是文明的丧失。古村落文化景观正站在存亡路口，古村落文化景观遗产的可持续发展刻不容缓。

二、古村落文化可持续发展的意义

古村落文化作为非物质形态是以一个抽象的概念形式存在的，在发展中必须通过相应的载体转化为具象的形态，才容易被人们感知和接受。村落文化景观作为地域文化的载体，在可持续发展中可以说是和地域文化共存亡。在古村落面临聚落意识受到冲击、环境受到污染、文化遗产受到破坏等问题时，地域文化也遭受着同样的打击。那些特色要素在受到不同程度的损毁时，它承载的地域文化也会变得模糊不清。在古村落文化景观可持续发展这个目标下，有关的部门或者个人都会在一定程度上投身其中，积极主动地对古村落的文化景观遗产进行保护，这同时也是对其承载的地域文化的一种保护。

对于大多数普通大众来说，要让他们更好地接受、认知、欣赏以及理解古村落文化景观，就需要更适合于他们的文化传播方式。就拿旅游来说，开发旅游利用是古村落文化景观可持续发展的可行性途径之一，同时也是一项文化性很强的产业，一种文化传播有效的方式。为了吸引更多的游客，旅游地通常会深度挖掘其地方特色，以满足游客们对不同地域文化体验的需求，并加大力度向外界宣传以扩大市场，招揽更多的游客。那些在村落变迁中悄无声息被埋没或者被遗忘的传统文化都会在这样的过程中得到深度的挖掘和广泛的传播，并可以作为古村落的地域特色旅游资源进行宣传，在古村落的可持续发展中，后人们也会更加注重对这些传统文化的保留和延续，从而地域文化也得到了真正意义上的传承。

第七节 古村落活化保护的主要类型研究

一、旅游开发型

传统村落旅游开发的核心是文化，富有文化内涵的乡村旅游产业会为传统村落的保护和发展注入强大的生命力，同时也更具备良好的社会竞争力，使得传统村落成为一个向外界展示的舞台，不仅仅丰富了自身魅力，还可以衍生出多种文化产业链，带动乡村经济又快又好发展，增强了传统村落发展的可持续性。

二、原生态风貌型

原生态风貌传承在于保持村落的原生态性，维系村落自然风貌和建筑的乡土气息。对传统村落的自然环境、整体建筑格局以及各类历史文化要素进行合理的原真性传承和保护。对于保存较好的传统风貌建筑，整体原生态风貌较好的地段，应保护其原生态性，妥善保护和修缮，以求“修旧如故”，使得其原生态性的生活生产方式得以良好展现，让原住民产生家园的归属感，激发出他们内心保护和传承历史文化的自信心。

三、传统文化型

中华民族很多优秀传统文化产生于乡村，并随着时间的推移在乡村中得以保存并不断传承至今。在现代化发展的今天，对传统村落文化内涵的建设不容忽视，将都市化的现代文明与传统村落“活化”相结合，传统文化会获得新的升华。原住居民在受到村落新文化的教育熏染后，就可以充分激发其在文化上的自豪感，获得在村落传统文化中的自信，对外地游客来说便是拥有了更好的村落文化休闲旅游服务体验。

第八节 古村落旅游开发研究

一、古村落旅游开发的主要研究方向

（一）古村落旅游开发原则

1. 突出古村落特色

特色是旅游产品的灵魂，鲜明的特色能有效避免与其他产品的雷同，使旅游产品独具魅力。因而突出古村落最本真的旅游资源特性便是古村落乡村旅游开发基本的要求，最本真的资源特性在这里指的是古村落的乡村性——具有民族特色的乡村本色：它是乡村旅游开发中核心的资源，也是游客对乡村旅游的定义。因此，对乡村旅游资源的开发要在保护的基础上进行深入挖掘。乡村旅游资源开发要还原旅游资源真实的面貌，提供给游客自然、健康、绿色、原汁原味的产品，努力展现天然、淳朴、闲情和野趣的乡村区域旅游魅力。

2. 坚持市场导向

市场导向原则要求民族地区的乡村旅游在产品设计上既要适应市场、遵循市场规律，也要引领市场，创新产品，创新需求，引导市场消费。要根据民族地区村落旅游产品特点定位市场，并根据市场、产品对周边及较远市场进行细分营销，突出优势。因此，古村落乡村旅游产品开发应在充分了解与掌握游客旅游感知与偏好的基础上细分市场，并针对细分市场的特征开发适销对路的产品，与此同时，还要把该类产品做到业界标杆，树立游客高度认可与支持的形象品牌。

3. 实现效益兼顾

旅游业是一个综合产业，涉及社会生活的方方面面，因此在发展旅游的过程中要兼顾各方利益，在提高整体经济效益的同时，也要考虑并兼顾其与社会效益、生态效益的统一。这也是古村落乡村旅游可持续发展的关键和开发古村落乡村旅游的前提条件与基本原则。乡村旅游开发既要遵循经济规律和市场规律，又要考虑旅游开发的生态效益，保护古村落丰富的生物资源与植物资源，在保护的基础上开发与发展。与此同时，乡村旅游的开发也要展现出古村落文化的独特性、原真性与多样性，在基于游客价值观的基础上融入民族文化，实现古村落乡村旅游功能多元化、旅游产品特色化、旅游发展科学化。

（二）古村落旅游开发模式

古村落一般生态环境优美，气候温和，境内土地、地表水、生物等自然资源丰富，农业发达。千百年来，古村落居民生活在当地美丽富饶的土地上，并创造了丰富多彩的民族及村落文化：独特的民族风俗、绚丽的民族艺术、传统的民间医药和千姿百态的民间歌舞等。这些丰富多彩的资源决定了其开发模式的多样性，具体包括休闲观光型、养生健康型、民俗节庆型、乡村体验型等多种模式。

1. 休闲观光型

在旅游发展初期，古村落开发的大多是观光旅游产品，以打造满足游客需求的迷人的村落田园景观，开发都市游客体验不到的村落民风民俗，展现村落最原始的生产生活等作为主要的旅游产品来吸引游客眼球。诸如村落田园景观，常常是古村落村民搭建的水果农园、茶园或蔬菜园，它们满足了村民自身生计发展需要，同时也能为游客带来一种安静闲适的感觉。这里没有污染，没有喧闹，游客欣赏着古村落特有的自然风光，游览民族村寨，参观古民居、古建筑，得到彻底放松。另外，游客在旅游结束之后往往居住在古村落村民专门布置的农家小屋中，虽然房屋面积不大，但也可以体现当地最本真且别具一格的特色。从旅游市场的角度来说，观光型旅游产品是旅游过程中基本的需求，即使随着旅游发展可能会演变成休闲度假型旅游产品，但观光旅游不会消失，只是所占的比例会下调，开发古村落旅游还是要注重产品特色，以富有村落个性和创新的旅游产品来迎接游客，延长产品寿命，提高产品的魅力与竞争力。

部分古村落地区乡村旅游可以通过开发田园景观来达到放松、愉悦游客心情的目的，并结合村落农户的农事活动让游客参与体验农村生活。

2. 养生健康型

如今的旅游发展过程中，人们越来越重视对健康养生的需求，希望旅游活动能够带来更多的有益身心健康的效果。养生健康型旅游正是一种适合都市人群在快节奏生活之余通过旅游来修养身心、愉悦心情、消除疲劳的旅游产品。古村落一般环境优美、空气清新，且空气中负氧离子含量高，有着较好的康体保健功能。此外，一些古村落有着强身健体的体育活动和神奇疗效的医药，成为开发养生健康型旅游最为合适的选择。古村落地区的居民所进行的河边垂钓、徒步、户外登山、水上竹排等活动都可以作为旅游项目让游客参与进来，使游客在感受乡村新鲜空气的过程中得到心情放松、锻炼身体的益处。除此之外，还可以将农村中的闲置用地加以利用，开展适合游客参与的民俗活动等与农村生活相关的项目，辅之以古村落原生态的玉米、大米、红薯、油茶等绿色食品，丰富游客的旅游体验。

3. 民俗节庆型

我国地域辽阔，民族众多，“千里不同风，百里不同俗”。古村落民俗文化最能反映乡村旅游的深度，也最能体现乡村旅游的魅力，是古村落旅游深度开发的重要基础。这类旅游产品以村落民俗风情与民族节庆为主要题材，充分展现了农村的民间礼仪、民间歌舞与民间手工艺等特色，对深化乡村旅游文化内涵具有重要作用。

4. 乡村体验型

伴随着乡村旅游的不断发展，游客对体验型乡村旅游产品的需求日益强烈。追求旅游产品的体验性是社会发展和人们生活品质提升的结果，它将旅游体验与乡村生活相结合，满足了游客参与农家生活的需求。古村落的体验型旅游产品有很多，包括以下几个方面：

（1）乡村生活体验

它的客源大多是长期生活在城市的居民，通过乡村旅游可以减少城市快节奏生活带来的压力，如开发一种以参与各种农事活动为主的乡村旅游形式，通过住农家屋、吃农家饭、与农户共同劳作的方式让游客体验乡村的乡土气息，享受乡村的慢生活。

（2）历史文化体验

古村落历史悠久，其村落景观至今保持着原始天然的特色，开发这类资源可以帮助游客在领略乡村风貌的基础上进一步了解乡村的历史文化传统，丰富游客的知识。

（3）品尝、购物体验

古村落一般有着绿色健康的风味小吃。因此，可以在当地举办特色美食节来满足游客对美食的追求，如特色水果品尝、风味小吃品尝、野菜品尝、烧烤品尝、特制肉类品尝等活动，也可以结合当地饮食文化开办各种主题的旅游餐厅，实现美食与文化的大交融，还可以结合古村落独有的山区风貌，设计出体现当地特色、具有乡土气息与纪念意义的旅游纪念品，如具有乡村本土特色的工艺品（如编织工艺品、织绣工艺品等）和利用当地原材料（如特色蔬菜、禽畜、风味独特的土特产、美丽花卉等）生产加工的地方传统产品，满足游客购物需求。

（4）探索刺激体验

利用古村落特殊的地理环境和自然界的神秘来开展一些富有刺激性的挑战活动，赢得年轻人的喜爱。这类旅游资源的开发要在确保游客人身安全的前提下进行，要让游客在惊险刺激（如登山猎奇、荒野寻宝、山洞探险等）中增进对乡村生活环境的认识。

（5）乡村野外生存体验

野外生存体验可以磨炼人的意志，提高生存能力。通过开发农产品采摘比赛等体验型旅游项目，以寓教于乐、寓教于游的方式增加乡村旅游项目的体验感，吸引更多的青少年游客到此体验。古村落居民可以开拓更广阔的乡村旅游市场，更好地实现其价值需求。

（三）古村落旅游开发形象

乡村旅游形象，就是指游客在旅游过程中对乡村旅游发展的整体感知，是乡村各个体验层次在游客心中留下的总体印象。它们都以乡村文化为主要连接点，贯穿于整个乡村旅游过程中。为适应乡村旅游发展，古村落治理方式已由村民自治向社区自治转变，相继完善了道路、交通、水电供应、排水、垃圾处理等基础设施，村落治安状况、卫生条件、村容村貌也都得到了大幅提升。此外，在保留原来务农生活的基础上，大多数古村落在政府的帮扶下也已建成一定数量的村落特色风味餐馆、精致民宿、小卖部等，辅之以热情友好的接待，共同服务于古村落的游客。基于此，传统村落旅游形象可分为三个层次，即古村落旅游形象是由乡村行为（服务水平、人员行为、生产行为、管理水平等）、乡村物质（资源条件、乡村环境、设施设备等）、乡村影响（知名度、美誉度、认可度等）构成的一个多要素系统。乡村行为层次体现的是古村落的行为文化，几乎包括村落所有旅游利益相关者的行为，主体是人；乡村物质层次体现的是古村落本身的一些特征，主体是村落；乡村影响层次体现的是古村落对游客的影响，包括影响的大小、影响的好坏以及影响的接纳程度，主体是人思想意识层次的一个体现。

古村落旅游形象是需要旅游形象识别系统进行不断完善和改进的，旅游形象识别系统可以通过塑造古村落典型的民族特色形象，使游客对古村落的产品和服务有高水平的认同和好感，树立古村落良好的旅游形象，从而促进古村落经济发展。乡村旅游形象识别系统来自企业形象识别系统，并受地区形象识别系统的影响。通常理念识别系统、行为识别系统和视觉识别系统共同构成企业形象识别系统（CIS）。古村落的乡村旅游形象识别系统同样也是由这三部分构成的。

在上述三个分系统中，理念识别系统对古村落乡村旅游发展起指导作用，相当于战略层，具体包括经营理念、市场定位、形象定位等，如广西恭城瑶族自治县红岩村，其“品瑶乡月柿、喝恭城油茶、赏柿园风光、住生态家园”的经营理念和定位，把红岩村的最优资源——月柿完美地展现出来，这种“农旅融合”的战略在很大程度上推动了红岩村乡村旅游的发展。规范村落旅游利益相关者行为的是行为识别系统，相当于执行层，如广西富川瑶族自治县秀水村，县政府主抓秀水村旅游景点的开发与推介工作，坚持以规划先行，并对秀水村重点旅游项目进行大量投资建设，尽可能保持秀水古村原风貌。秀水村居民则配合政府工作，积极参与到当地民宿、餐饮等接待工作中，共同打造青砖绿瓦的秀水特色，给游客提供古朴、优美、和谐的旅游环境，激发游客旅游行为的产生。塑造古村落乡村旅游整体形象的是视觉识别系统，相当于战略展开层，主要通过各种标识、宣传口号等具体方式达到，如在月柿丰收的季节，红岩村居民会利用熟透了的月柿摆出各种造型，或悬挂在路边，或精心打造形成月柿林供游客参观，道路两旁的路灯旁边还有以月柿为意象做成的“月柿灯串”，这种鲜明的月柿符号强烈地刺激了游客的视觉神经，增强了游客的旅游体验。当然，理念识别系统、行为识别系统、视觉识别系统，它们共同服务于古村落乡村旅游的形象塑造与发展水平，共同推动古村落乡村旅游的发展。

二、古村落旅游发展的理论基础

发展旅游业是促进古村落文化传承与保护的主要手段，并且在互联网时代，凭借信息技术手段，古村落的乡村面貌、文化得以广泛流传，这同样推动了古村落旅游业的发展。但是，古村落文化保护与旅游发展需要具备一定的理论基础，这样才能给我们在古村落文化保护工作中提供依据和科学指导。

（一）文化基因理论

1. 理论概要

卡尔普指出自然界中的生命体主要是由蛋白质、核酸等生物大分子组成。核酸作为生命体内一类重要的生物大分子，是生物遗传信息的载体。核酸分为核糖核酸（RNA）和脱氧核糖核酸（DNA）。DNA 双螺旋结构模型的发现确立了 DNA 是主要的遗传物质，而基因（gene）则是载有遗传信息的 DNA 片段。弗莱彻（Fletcher）、希基（Hickey）、温特（Winter）在《遗传学》一书中指出基因是遗传信息的基本单位。它对应于 DNA 上一个不连续的区间，编码一个多肽的氨基酸序列。DNA 携带的遗传信息只有通过转录和翻译表达为蛋白质才能实现不同的生命功能，也就是说，蛋白质是生命活动完成的基础，是生命特征的体现者。基因的概念来源于生物学，它自身携带的遗传信息可以通过复制传递给下一代，从而使下一代与亲代的形状特征相同。基因也受内外环境的影响，在内部环境下它们都携带有特定的遗传信息，能够精准地复制自己以保持稳定的生物特征。受外部环境的影响，在细胞分裂时，基因会突然改变原来的存在形式，出现新的基因来代替原基因，促使生物选择出最适合自然的个体，这也就是生物学中的“基因突变”。

文化基因是基于生物学上的“基因”而提出的，属于社会生物学，是指通过模仿文化的某一部分的方式来进行传播。文化基因的传播、发展与生物进化很相似。学术界对于文化基因单位的界定有所争议：有学者认为文化基因是一个复合体，是由很多文化的片段所组成，即为概念“谜米复合体”；也有学者将文化基因提到了内在推动因素的高度，认为民族思维方式和内心结构的改变即为文化系统里基因的发展演变。各种文化现象的内在本质实际上就是具有复制能力的文化基因，它的传播过程类似于生物遗传。“文化的发展、传播和多样化的模式具有与生物进化相似的特征”，在天津大学赵传海教授的《论文化基因及其社会功能》中可以看到。谜米与基因一样都可以进行自我复制，并且能够时刻提醒人们用语言的方式对文化进行传递。这句话适用范围较广，同样可运用于聚落文化中文化基因的传播。一方面，人类社会在不断发展中形成聚落空间，这种发展如同保证生命物种延续的生物基因之间的杂交一样，不同文化相互使用、交流、混合与互动的结果就是产生新的文化；另一方面，生物多样性由基因多样性所决定，对于聚落空间中的聚落文化也是如此，文化基因的多样性同样决定着多样性的聚落文化空间。

文化遗传，即文化传播的基本单位是文化景观基因，既决定文化景观的形成，又与其他文化景观有所区别，有利于人们更好地识别文化因子。事实上，文化在保护、传承、发展中，一方面在保护与传承文化自身的精髓，保持个性，另一方面，在传承中为顺应时代发展的潮流，又会发生一定的变化，推陈出新，实现文化更好的发展。产生新文化基因必然要通过变异，人们在进行文化传播中会不由自主地对文化的某一部分进行改造，赋予文化基因新的活力与更加丰富的内涵。其最典型的代表就是聚落文化。在同一个聚落中，聚落文化景观是相同的，因为其基因的“遗传”特征是一致的。又由于周边环境处在一种不断变化的状态中，所以文化景观在传播中会发生一些变异，这是生物遗传的基本规律，其较为类似的传承原理同样存在于聚落文化的演变过程中。所以说，文化基因决定着聚落文化空间的形成与发展，保护聚落文化基因是保护传统聚落风貌特色的关键。

聚落文化中识别文化基因是关键，要掌握和认清一个聚落的文化基因很复杂，也很困难。除了要了解其外部表现，更要了解其历史、文化、宗教等内在因素。一个聚落的文化基因的确定应符合四个原则：一是内在唯一性原则，即其他聚落没有该聚落文化基因的内在因素；二是外在唯一性原则，即其他聚落没有该聚落文化基因的外在因素；三是局部唯一性原则，即该聚落文化基因的核心要素不存在于其他聚落；四是总体优势性原则，即其他聚落有该聚落类似的文化基因，但是该聚落的文化基因是典型代表。

2. 在旅游研究中的应用

文化基因理论在旅游研究中得到了广泛的应用。许多学者从文化基因的角度对旅游目的地的文化进行了解析，从而探索地方文化的保护和发展路径。旅游文化基因可分三大类，分别为主体基因、附着基因和变异基因。主体基因在文化基因系统中处于核心地位，决定了该区域的文化属性，并对其文化的外显特征产生巨大的影响。附着基因是依附于主体基因上的，不仅能够在很大程度上反映地方文化的独特之处，还能加强主体基因的外显作用。变异基因是指在社会发展过程中发生变异的文化基因。文化基因的变异分为两种：一种是良性文化基因变异，即在现有文化基因的基础上为其增添一些现代化元素，使其变得更加丰富；另一种为恶性文化基因变异，即在现有文化基因中，旅游开发者以利益为导向对文化基因进行更改，使得地方传统文化被舞台化、庸俗化，最终导致地方特色文化减弱甚至面临消亡的风险。文化基因在旅游业的发展演进中占据着极其重要的地位。文化基因控制着旅游目的地文化的传承与保护，决定了该区域的文化走向。利用文化基因理论，对地方特色文化进行解构与重构，在保护与传承的基础上使地方特色文化为当地旅游业的发展创造最大价值，并以旅游发展促进当地文化的保护，进而形成文化基因保护与旅游开发互利共生的发展模式。

（二）区域经济增长理论

1. 理论概要

区域经济增长（regional economic growth）指的是在一定时间范围内区域总产出（包括产品与劳务）的增长。区域经济发展理论作为合理的、科学的、适用于研究区域经济发展的关键理论，为区域经济发展战略的制定奠定了基础并提供了理论依据。发展区域经济除了要依靠区域的人力、物力、财力、技术等内部资源、外部资源外，如外来技术与人才等对区域经济发展的作用也不可忽视。

（1）古典经济增长理论

按照《国富论》的理论，财富的增长、经济的发展有两个原因：一是增加社会上实际雇佣的有用劳动量，二是改进社会上实际雇佣的有用劳动的生产力。尽管当时的学者也意识到了技术水平在经济增长中的作用，但由于当时科技水平的限制，古典经济增长论认为劳动和资本在经济增长中起决定性作用。但该理论下实际增长率与预估增长率之间往往是不相等甚至背离的，为解决这一问题，有学者提出了新古典经济增长理论。

（2）新古典经济增长理论

以罗伯特·索洛为代表人物的新古典经济增长理论认为经济稳定增长和平衡增长的关键在于外生技术的进步。从创新的概念被提出以来，经济学家们逐渐将视线放在创新对于经济发展的影响之上。索洛认为在市场中通过合理配置劳动和资本在市场中的投入比，可实现充分就业和经济稳定增长的目的，而自然增长率则由人口增长速度和技术进步速度所共同决定。其主要观点即为技术进步可促进该区域的经济增长。这一理论对古典经济增长理论进行了修正，解决了经济增长率与人口增长率不能自然相等的问题。但该理论以外生变量来解释经济增长现象，属于自相矛盾的行为，因而又有学者提出了新经济增长理论。

（3）新经济增长理论

新经济增长理论又称为内生经济增长理论。高鸿业认为，新经济增长理论中的知识溢出可以促进科学技术进步，从而可以促进经济的增长。该理论将科学技术的进步看作经济增长的内生变量，认为知识的积累是区域经济增长的核心驱动力，并认为某一区域的经济增长受到周边区域经济增长溢出的影响。新经济增长理论着重强调了知识和技术在区域经济增长中的重要地位。在投入要素的过程中，只有在能够推动技术进步的条件下才能带来经济的可持续增长。

2. 在旅游研究中的应用

在旅游业发展的相关研究中，区域经济增长理论应用颇广。旅游业的发展可提高地方的就业率、增加居民的收入、带动旅游相关产业的发展，从而使得该区域的经济发展水平得以提升，同时形成经济增长溢出，带动周边区域的经济增长。据相关研究结果表明，旅游业的发展能够显著促进我国区域经济的增长。旅游业增长 1%，地级市人均 GDP 则相应增长约 0.3%，且国内旅游对区域经济增长的带动作用大于国际旅游。分地区的相关数据表明旅游业对区域经济增长的推动作用主要体现在欠发达地区；分产业的结果表明，旅游业能够显著促进第三产业的增长。进一步的研究表明，旅游业带动区域第三产业经济增长的机制包括促进批发零售业和餐饮住宿业的发展，增加就业和降低一个地区的失业率。众所周知，区域旅游资源丰富独特、民族文化特征鲜明的地区，其区域旅游经济增长迅猛，迅速成为带动民族地区经济增长的重要引擎。因此，资源丰富、特色突出、民族文化氛围浓厚的民族地区是发展旅游业的极佳选择，对当地经济的发展能够起到量变到质变的作用。

（三）文化变迁理论

1. 理论概要

文化是指相对于经济、政治而言的人类全部精神活动及其产品，是智慧族群基于自然基础上的所有物质与思想、精神等的活动内容，简单来说就是人类所有生活要素的统称，包括衣食住行等。文化变迁是指族群内部发展或者不同族群之间相互接触引起的不同文化的缓慢的变化过程。变迁在所有社会和文化系统中都是一个常数。每种文化都处在持续不断的、以创新为基础的变迁之中。要想适应已经改变了的环境，唯有创新，这种创新被大多数人接受时，文化变迁也就发生了。人类发展的历史长河就是一部文化变迁史，文化变迁伴随着人类文明的萌发与发展，文化变迁既有对古老传统的传承与废除，也有对其他文化的吸收和排斥，这些都像是一双无形的大手，推动着人类文明的进步与发展。从文化的内部因素来分析，文化变迁的动力来自不同文化的接触与传播，价值观的冲突以及新的发现与发明等，这些都会刺激文化的变迁。从文化的外部环境来分析，人类群体和自然环境的变化、社会结构与关系的变化都是造成文化变迁的原因。“变迁通常随着社会文化环境或自然环境的改变而发生。”美国学者克莱德·M.伍兹认为，一个民族的文化在岁月积累中慢慢发生的变化或者是外来民族对本民族文化的冲撞所产生的文化或生活方式上发生的任何改变，都可称之为文化变迁。

文化变迁可分为自然变迁和计划变迁两类。自然变迁是指人类无意识的文化自然发展和积累的过程，这个主要体现在从人类进化为智慧生物直到近现代工业革命的漫长时间段。而计划变迁是人类在有一定精神文明与物质文明基础之后做出的有意识、有计划的文化改革与发展的过程，计划变迁主要开始于工业革命。人类在某一个特定的条件下，外界环境相对稳定，其生产生活以及精神活动可能不会有太大的变化。然而随着外界环境的改变，比如战争、地质活动、气象变化等造成的人类迁徙。人类的本能会驱使本身做出变化，以保证在变化的环境中生存，与此对应的生活方式就会随之做出相应的改变。这样一来，原有的文化就会被迫做出改变以适应新的环境。人类对于这些变化只是无意识地在适应中做出改变的无意识举动。在具有一定的精神文明与物质文明之后，人类对于自身的文化有了系统性的认知以及期盼，这就促使人类自发地做出有计划的改变，比如政治、经济、教育体制的改革等，所做出的这些改变都是以更合理、更高级别的生产生活为目标的、有意识的举措。

文化变迁主要有三种模式：创新、涵化和传播。创新是指从无到有的文化产生过程，可细分为发现和发明两种方式。发现是指人类通过观察已有的事物所得到的新的信息或者认知，而发明是指人类创造出之前不存在的物质或者精神财富。两者都能使文化产生变迁，并不是整个群体的人都能接受并且主动去创新，这些都是来自群体中的特殊个体，然后由特殊个体去感染并传递给其他个体，当这个群体当中有足够数量的个体接受这个创新之后，就可以说是文化已经发生了变迁。涵化是人类群体对于外界环境的变化所做出的适应、融合、同化或者抗拒的文化行为，可以理解为文化接触、文化触动或者说文化移入，这主要是发生在不同群体之间或者是群体与变化的生活环境之间，最为常见的是带有绝对优势的群体对于处于劣势的群体所产生的涵化，这当中本身没有新的文化元素产生，只是对既有文化做出特定的吸收与改变。涵化可以是主动的，也可以是被动的。

传播是指一个群体的既有文化通过直接、间接或者刺激的方式向别的群体产生浸润、借用、渗透甚至侵蚀的过程。不同的群体通过比较自己认知的文化与相对应的外来文化，然后决定是采纳、吸收还是批评、摒弃。这个选择并做出决定的过程就是文化传播。文化的传播可以分为主动与被动传播，文化传播是相互的，并不是单方面的行为和现象。文化的传播就是一个对既有文化的传输与接纳的过程，当文化传播出现的时候，就意味着文化出现了变迁。

相关学者认为民族特征随着民族发展的变化而变化。文化变迁的起因通常是民族内部持续发展或不同民族之间相互碰撞引起的。有学者指出内外环境的变化都会引起文化变迁，内部环境主要指由民族内部发生的变化引起，外部环境则是指自然和社会环境的不断更新换代和与其他民族交流碰撞过程中引起。当人们所处的环境发生了改变，他们必然会做出一些反应来适应环境，久而久之，这种方式成为民族特质，文化变迁也就发生了。文化变迁与社会变迁有所不同，文化变迁研究文化的特质、模式与风格等文化环境的变化，而社会变迁研究社会的关系、群体和生活等的变化。

变迁是人类社会永久存在的现象，文化本身的一成不变是相对的，不断发展才是绝对的。当文化所处的环境因为各种原因发生改变，而人们用足够多人们接受的方式来适应变化时，文化变迁就已经发生。无论文化如何变迁，既有文化和已经消失的文化都是人类进化与发展史上不可缺少的组成部分。既有文化也面临着被摒弃、改变或者遗忘的风险。对于文化的变迁，必须站在客观的立场，研究并且保护既有文化。无论文化本身是否符合我们的认知，存在的即是合理的，否认或摒弃文化就是否认人类的发展史。我们只有保护好既有文化，才能在此基础上建立更加适合人类发展方向的文化因素，才能保证人类文明迈向更高层次。

2. 在旅游研究中的应用

文化变迁理论被应用于社会学、民族学、人类学、旅游学等多个研究领域。文化的变迁使得中国各地的文化形成很大的差异，不同地域的文化差异推动了旅游业的发展。部分学者利用文化变迁理论来分析旅游发展之下旅游目的地的文化变迁过程，通过分析旅游目的地内各大主体的行为来解析文化变迁的内在机制。文化变迁是不可避免的客观规律，在文化变迁的过程中，旅游业的发展起到了催化作用。旅游业发展所带来的外来文化与旅游目的地本土文化产生冲突，从而形成示范效应、累积效应和激发效应，进而成为文化变迁的主要推动因素。一方面，旅游业的发展使得旅游目的地与外界的交流增加，强化了地方居民的文化认同感，在一定程度上促进了地方文化的重构；另一方面，旅游业的发展使得地方文化舞台化、庸俗化、趋同化，导致地方文化变迁朝着消极的方向发展。

三、古村落旅游开发对村落文化的影响

（一）古村落旅游影响村落文化的作用机理

在古村落空间场域中，乡村旅游的发展与村落文化之间相互发生作用。旅游是文化发展的助推器，其加速了文化的不断发展。随着乡村旅游在古村落的不断发展，古村落文化的发展速度也在不断加快。乡村旅游发展改善了古村落的基础设施，增加了其与外界交流的机会，提高了村民生活的水平，但也因外来“强势”文化的进入，使古村落原有的文化不断发生变化。古村落乡村旅游的发展逐渐走向开放，乡村旅游业的发展使古村落的产业结构发生变化，在传统的农牧产业中注入新兴的旅游产业，引起了古村落文化的重新整合，使古村落文化在乡村旅游开发中发生前所未有的变化，势必会对古村落文化的保护和发展提出新的要求。

乡村旅游对外表现为人们心情的愉悦和压力的释放，对内则表现为人们对乡村文化的向往和追求。民族地区发展乡村旅游应立足于保护当地的特色文化，游客对古村落乡村旅游的最大关注点，在于村落独有的民族文化与优美的景观环境，

他们通过乡村旅游取得的最大收获就是心灵上的享受和文化上的熏陶。文化是乡村旅游的核心，没有文化的旅游资源是没有灵魂的，如同无源之水，无本之木。乡村旅游的发展极大地提高了当地经济发展水平，同时政府等相关部门对旅游目的地给予高度重视，他们会根据当地乡村旅游业发展的不同阶段制定相应的政策来支持旅游业的发展。

政府不支持在一些经济发达的旅游目的地发展旅游业，同时也不赞成以地方民族传统文化资源为依托的旅游项目的发展，他们认为会对当地的民族传统文化带来毁灭性的破坏。然而，对于一些经济发展落后的旅游目的地，政府赞成旅游业的发展，因为这不仅能在短时间内给旅游目的地带来较高经济效益，同时也能成为一种保护民族传统文化的有效方式。另外，乡村文化不同于城市文化，这是发展乡村旅游最核心的旅游吸引物。因此，在古村落乡村旅游业的发展中，加强政府对民族传统文化资源的保护意识和保护力度是古村落旅游可持续发展的必要前提。

（二）乡村旅游对村落文化的影响

1. 夯实古村落文化保护与发展的经济基础

经济基础决定上层建筑，古村落发展乡村旅游能够提高农民的收入水平与生活品质，其农村产业结构也能得到优化，同时也能够为古村落带来人流、物流、资金流，在旅游接待的互动交往中形成吃、住、行、游、乐、娱等一系列的配套旅游需求。在旅游目的地的旅游供给服务中，古村落居民在主动或被动参与旅游接待服务中能增加一份额外的收入。旅游业发展推动了当地社区居民收入增加，为民族文化的保护提供了充足的资金保障，对保护、开发、传承、创新民族文化打下坚实的物质基础，有利于古村落民族文化的传播和发展。

2. 促进古村落内外文化的交流

文化的发展离不开交流。同样，古村落乡村旅游的发展也促进了其他地区协调发展、各民族与本地其他民族的文化交流。古村落发展乡村旅游，有来自不同国家、不同民族、不同文化背景的游客在品味当地旅游文化过程中，会与当地居民进行文化沟通与交流。

3. 提供村落文化保护和发展途径

乡村旅游的发展不仅给农民带来了切实的收益，也让他们重新认识了该村落独有的文化。一方面，通过与外来游客的交流，他们会意识到原来自己认为最平常的事情在游客眼中竟然如此珍贵与神奇，农民就会不自觉地开始重视村落与民族文化，认识到村落文化的价值，增强民族文化的自豪感。这种意识的产生对作为传播主体的农民来说无疑是有利于保护村落文化的，也有助于村落文化的传播与交流。另一方面，乡村旅游所带来的经济收益会促使当地相关部门注重对民族传统文化资源，特别是对本民族独有的、以前未发现或未重视的文化资源进行挖掘，将其开发成特殊的旅游产品，并把它们推向市场。这种行为在促进当地旅游发展、满足游客需求的同时也激活了当地的民族文化，促进了当地文化的长远发展，对当地文化的保护起到了积极的作用。当地政府把民族文化作为发展乡村旅游、经济的核心，势必会重视民族保护文化的开发与保护工作，落实立法保护民族文化、定期修缮文化遗址。

4. 打造古村落旅游品牌

任何一种富有吸引力的旅游产品，应该是有特色的产品。古村落民俗风情丰富多彩，可以说乡村旅游是古村落民俗文化的载体，而民俗文化则是乡村旅游的精神内涵，两者相辅相成，缺一不可。古村落民族特色鲜明，乡村文化丰富，其民俗文化资源不仅能带给旅游者新鲜独特感，还能使旅游者领略绚丽多彩的乡村文化和民俗风情。以古村落文化为依托，将乡村文化开发为旅游文化，有利于打造出世界著名的旅游品牌。

5. 提升古村落居民素质

乡村旅游是外来游客直接进入旅游地观光游览的活动，他们所带来的城市文化会与村落的乡村文化发生融合，形成一种村落农民“城市化观念”的产物，丰富了村落文化的内涵，从而带动村落文化的发展。参与乡村旅游的游客大部分为城市居民，他们接受过良好的教育，不论是科学文化水平，还是文化素养都比较高。在和村落农民进行沟通和交流的过程中，农民会受到其思想文化的熏陶，进而产生潜移默化的影响。同时，乡村旅游的发展要求更高技术的农业生产方式与更高水平的旅游经营管理。为满足这一需求，当地相关部门会着重培养一部分农民，使之成为发展乡村旅游的高素质复合型人才，这样就会激发村落居民学习科学文化知识的积极性。如很多农民为了更好地发展旅游，实现其经营效益的提升，自觉地学习了普通话、计算机知识以及一些简单的导游知识等。另外，乡村旅游的发展也进一步提升了农村地区居民的法律意识，使其能够利用法律武器保护自身的权益。当地农民通过与城市游客的交流增长了见识，促进了城市化观念的普及，从而促进农民人力资源素质的整体提高。

第五章　基于数字艺术的古村落活化策略

数字艺术的发展在一定程度上改变了人们生活和工作的方式，促进了社会生产力的提升，同时给很多传统行业带来新的生机。本章概述数字艺术视域下民族文化传播媒介的转变，以及古村落文化遗产保护的新渠道，并以长沙乔口古镇为例，对数字艺术与古村落文化传承相结合的方法、方式进行说明。

第一节　民族文化的传播媒介——从传统媒介到数字媒介的转变

一、从非语言媒介到数字媒介

非语言传播是人类最为古老的传播方式。在传统民族文化的当代传播中，它仍然是一个非常重要的方面。在典型的传统传承语境中，老一辈以具体可感的环境氛围、仪式过程、表情手势、姿势动作、服饰装扮等不同的方式和手段，在后生面前复原了一个古老的世界，把一个民族、一个地域的过去和现在相连接，并由此指向一个更加可以企及的未来。这种传播形式在古村落的传统文化传播中比比皆是。比如，身怀特殊技能者以图画的方式记录族群的历史和生活，妈妈教女儿织锦，爸爸带儿子砍伐竹子……数百年来，这种方式更迭往复，古村落文化和村落居民得以相伴相依，生生不息。

数字时代的到来，让这种古老的传承得到强化，也让它在不经意之间发生了看似漫不经心而实则意味深长的变化。比如，来自全国各地乃至世界各地的专业媒体工作者和业余的摄影、影像爱好者依靠着手中的各式装备和网络，把这些出自传统村落的具体可感的非语言信息以视听传播的方式传递到了原本不可能抵达的一些地方。

数字媒介辅助下的传统民族文化非语言信息传播大大突破了时间和空间的限

制，并得到了强化。更令人眼前一亮的是，无论是色彩描述的逼真、形状摹写的形象，还是过程记录的连续性，这种视听信息传播在数字技术进步的背景中已经逐步可以做到无限地接近真实。

另外，数字媒介的加入使古村落传统民族文化的非语言传播领域产生了一些新的情形。

比如，文化持有者在自身和所拥有的非物质文化遗产等内容在数字化表现和传播中获得了许多实际的帮助和收益。近年来，数字媒介以强大的兼容性和参与性，把古村落社会中的方方面面以视听信息交互传播的方式，逼真、全息地呈现给了整个世界，包括生活场景、传统习俗、生活技能、歌舞、游戏、美食，无不进入当代社会最主流的交往和传播方式之中。而最妙的是，整个世界也正在以同样的方式进入古村落居民的视野，不差分毫。文化持有者在这个媒介搭建的交往平台上，既汲取着外部世界的思路、做法，看到外面的精彩，也把自己的精彩和不同呈现给了外界。当然，这种双向交流的通畅程度目前还未尽如人意，但交流毕竟已经开始，并且向着更好的方向发展。

二、从文字媒介到数字媒介

在传统民族文化的传播和研究领域，文字起到了重要的作用。在没有方便而廉价的电子科技支撑的时代，所谓“好记性不如烂笔头”，传统人类学家倚重的不过就是自己的记忆和一支笔，他们不仅进行了笔头的文字记录，更在文字抽象的过程中进行思考和整理，使之既贴近传统民族文化的原生态，又拉开了审视的距离，从而使人类的文化记忆不仅在它所赖以生存的此时此刻变得条理清晰，而且可以跨越时空传承下去。这是传统民族文化整理传播和研究最为常见的表述形式，成果斐然。特别是印刷时代的到来，使包括非物质文化遗产在内的传统民族文化内容走近普罗大众，成就了一个大众文化的时代。

印刷术发明的时代成为视觉文化到来的前夜，也是后起的电子和数字媒介进行视听兼备的传播变革和补偿性进化的基础。电子时代和数字化时代到来以后，文字传播与视听语言传播相互配合，优势互补，结合电子和数字媒介即时性、互动性、大量同时传播的特点，依据不同表现和再现的需要，或是以文字论著加多媒体作品的方式，或是以文字语言（解说词）加视听语言的方式，为传统民族文化的当代传播提供了很多成功的范例。

三、从电子媒介到数字媒介

由于数字媒介的高度兼容性，各种传播媒介都与数字媒介表现出相当程度的友善，而各种媒介的数字化是一个渐进的过程。电子媒介与数字技术在当代的结合越来越紧密，也越来越简单易行，而且它们都同样地强调了传播的视听兼备性。所以，严格来说，数字媒介与电子媒介之间的差别并没有前述几类传统媒介那么显著。甚至在有的学者看来，它们本来就应该被划入同一个媒介类别。

广播、电影和电视等电子媒介分别在人类的听觉和视觉方面进行着渐进的延伸，拓展了传播范围，改变了传播时空，它们改变了时间和空间对于社会交往的意义，而且电子媒介加剧了印刷技术所带来的非集中性趋势。麦克卢汉说这种趋势“将突出多样性与碎片化”，也就是说，麦克卢汉在“地球村”理论时代就已表露出了对地方性、个性化的重视。这种地方性、个性化在新媒介环境中超越了时间与空间的物理限制，而成为一种跨越了空间的地方、超越了时间的当下，也成为一种超越了宏观的微观、超越了共性的个性。

在传播媒介及其技术充分、迅速拓展的背景下，传统民族文化本身与它们的媒介化景观之间形成了意味深远的互文，交相掩映于传统民族文化的当代生存之中。数字时代到来之后，计算机、网络媒介以其强大的兼容性能，既结合传统的电子媒介，又与虚拟现实、3D 扫描、动作捕获等新兴技术携手联合，轻而易举地加强了以往非语言、口语和文字传播的所有优势，并且在时间上更快、在空间上更广地完成了传统民族文化的新传播。最重要的是，数字媒介还把从口语、文字传播所逐渐消解了的具体环境（包括语境）、听觉感受、交互性、沉浸感，包括整体性的思维习惯……统统交还给了民族文化的当代媒介生产。

第二节　数字艺术背景下古村落文化遗产保护渠道

一、界定文化及文化遗产的概念

（一）何谓文化

关注文化遗产的保护和传承，需要对文化的概念进行梳理。所谓文化，是人类社会发展到一定时期的产物。从事生产劳动是人成为人的标志，文化开始于人们从事生产劳动的时期，文化是民族的标志，每个民族都是一个独具特色的文化符号。

文化在人类社会漫长的发展过程中，通过各种可视的、可感知的、实体的真实进程来实现相互沟通。文化在不同国家、不同民族和群体的人的生产和生活中传承。如今全球化的快速发展，使得人类的活动突破了地域、民族和国家的局限，实现了全球性的交往和联系，使得政治、经济、文化紧密相连，文化的交融和国际化日趋明显。

（二）非物质文化遗产概念溯源

关于“非遗”的讨论最早源自 20 世纪 70 年代由南美国家提出的“民俗文化”（folklore）概念。随着录音、录像技术的发展，发达国家文化产业开始对世界各地的传统民间文化表现形式进行商业开发。而随着医药生物技术的发展，发达国家制药工业开始对一些传统药物及其相关传统知识进行商业使用，并产生巨大盈利。然而，这些使用和开发极少惠及其原有社群，甚至还会出现不符合原社群文化习惯和禁忌的使用，造成世界对这些传统文化元素来源的误解，著名的案例有姜黄（Curcuma longa）案、印度楝树（Azadirachta indica）案、仙人掌（Hoodia）案等。这个时期关于非遗的讨论实际上有着双重意义：它一方面是一些尚在寻求民族解放的新兴国家争取民族文化承认的契机（“意识形态”元素）；另一方面是这些国家对文化产权尤其是对知识产权保护的诉求（“法律技术”元素）。当今国际社会对民俗文化的国际法保护问题的起点是玻利维亚于 1973 年 4 月 24 日向联合国教育、科学及文化组织大会提交的一封信。在这封信中，玻利维亚请求为 1971 年刚刚通过的《世界版权公约巴黎文本》制定一份议定书，以保护民间文艺和民俗遗产免受非法商业化的侵害，并要求将传统文化表现形式认定为国家所有的知识产权性质的财产，从而将其剥离出知识产权法意义上的公域。

经过长达 20 年的讨论，联合国教科文组织依靠其组织渠道，寻求各方学术力量支持，推动各国谈判协商，最终形成了《保护非物质文化遗产公约》（以下简称 2003 年公约）文本，并于 2003 年 10 月 17 日在联合国教科文组织会员国大会上以 120 票赞同的高票通过。在此过程中，通过联合国教科文组织对工作语汇的长期打磨，核心概念有了较大的发展，原本的讨论起点“民俗文化”被拓展、重构，形成了非遗概念。后者的外延有了鲜明的发展。原本“民俗”概念中的传统知识和传统民间文艺，主要涉及的是“民间”的、通俗的、非精英的文化元素，但“folklore”一词在诸多语言运用中包含的有关民间、通俗文化的“轻蔑含义”，甚至导致了多国学界对这一选词的声讨；而非遗概念的发展过程则是在以日本和中国为主导的亚洲国家的推动下，纳入了知识分子文化元素，如最早被列入“人类口头和非物质遗产代表作”的昆曲、古琴等，从而跳出了原有的一定程度的第三世界主义倾向，形成了一个更具学术性的、更为完整的概念。

除了上述外延的拓展，在内涵层面，从“民俗文化”到“非遗”的过渡也体现了两个飞跃：一方面，它逐步摆脱了玻利维亚最初主张的“民俗文化”概念的单一经济价值视角，表明了对传统文化元素社会价值的承认；另一方面，它引入了对文化群体之文化身份的承认，也就是对文化多样性价值的确认。非遗概念在国际法理论中的确认对联合国教科文组织来说也是一个里程碑，因为民俗文化的“遗产化”事实上扩大了联合国教科文组织的影响范围。此前被视为主要属于世界知识产权组织工作领域的“民俗文化”，既然成为文化遗产的一部分，从此也就被纳入了联合国教科文组织的工作领域。而与此同时，从知识产权角度研究民俗文化、传统知识和与之相关的基因资源的世界知识产权组织，则保留了“民俗文化”（folklore）这个术语，用来指称其学科视域下的“传统文化表现形式”。

（三）非物质文化遗产的特征

1. 无形性

非物质文化遗产不占有具体的物理空间，如昆曲，只能被人们的感觉所感知。因此，非物质文化遗产的保护具有很强的特殊性。例如，端午节是一项国家级的非物质文化遗产，它没有任何有形物质载体，以一种节庆形式存在于人们的心中，是我国人民文化生活的重要组成部分。

2. 传承性

非物质文化遗产的形态和内涵必须经过传承人的传承，才能得到保护和发扬光大。传承制度和传承方式直接影响非物质文化遗产的传承效果。由于非物质文化遗产的产生、发展都是基于一定的社会环境，因此，要实现非物质文化遗产的有效传承，需要为其传承创造良好的氛围，保持其原生态环境。对于非物质文化遗产，一旦传承停止，其生命也将随之消失。传统的传承方式主要依靠口传心授，按照祖辈制定的传承规矩进行父传子、师授徒的点对点传授。而利用现代信息技术，通过良好的传承设计，可以突破传统传承方式的制约，借助新媒体、新方法，实现大范围、高效率的教育传承。

3. 活态性

非物质文化遗产就像生态系统中的生命，也具有诞生、发展、衰竭、消亡的生命周期，这是非物质文化遗产的核心特征。在整个生命周期中，非物质文化遗产随着整个社会环境的变化和发展，在实践中不断地调整自己，在传承中不断地发展自己，从而适应新的环境，实现成长和发展。活态性还表现在：非物质文化遗产在其生命周期中，是人类社会生活的有机组成部分，它依附于特定的国家、民族、族群、地区或者个人而存在和发展，并与他们相互支撑、共同发展。因此，非物质文化遗产的保护和传承，需要最大限度地保护其赖以生存和发展的文化生态土壤，使之在这样的土壤上延续下去。非物质文化遗产的活态性，决定了它只能被实践，而无法被复制；决定了它每一次实践都是不一样的版本。

4. 综合性和脆弱性

非物质文化遗产一般依附于其他载体存在，与当时的社会生活有着千丝万缕的联系。其综合性主要表现在：①形式综合（物质和非物质形态的结合）；②功能综合（非物质文化遗产往往具有认识、欣赏、历史、教育、科学等多种作用）；③参与者的综合（分年龄、分性别、分工、分职责、分角色等）。

由于非物质文化遗产必须依附于一定的物质载体而存在，在传承的过程中很容易受到社会环境和人们的主观意识转变的影响而遭到不可逆的破坏，因而具有脆弱性。如某些传统的手工艺由于暂时没有市场，年轻人对此又不热衷，因此，这类非物质文化遗产面临着越来越危险的处境。

二、我国文化遗产保护现状与未来展望

当前，我国文化遗产保护受到了政府、教育机构和企业单位等的重视，对文化遗产的发掘和保护也不断强化。政府出资对老街古镇、名人故居进行修缮，各级各类学校开设非物质文化遗产的学习班等，都对文化遗产的保护和传承起到了积极的促进作用。但文化遗产的生存和发展需要良好的生存环境。虽然在外力的帮助下，那些价值较高的重点物质文化遗产，被保护在城市的各个角落，但由于失去了原有的生存环境，依然面临逐渐消亡的危险。备受人们关注的重点非物质文化遗产，如惠山泥人，虽然其保护资金、培训投入很大，但也因为市场的萎缩导致传承者青黄不接。人们的生活观念的改变，同样对文化遗产的保护和传承产生了强大的冲击。一棵古树，虽然通过移栽、输液和保护，可以维持其生命，但如果失去赖以生长的肥沃土壤，希望它重新焕发活力存在很大的困难。所以，当前保护和传承文化遗产的最好办法是不断增加其健康生长所需的土壤，即群众基础。专家学者、机构单位进行保护和研究还不够，需要让所有的百姓都能够对文化遗产有比较清晰的了解和认识。教育就可以让我们的下一代学习和了解文化遗产，并培养对文化遗产传承的兴趣，培育文化遗产相关商品的用户群体，使得文

化遗产重新焕发生机。

我国一部分文化遗产能够传承至今，与人民群众的生活方式密不可分。工业化革命之前，手工生产和制作是产品生产的主流，这使得传统手工技艺拥有良好的社会基础，得到很好的传承和发扬。电影电视出现之前，欣赏戏剧、评书是百姓重要的娱乐生活，庞大的群众基础促进了戏剧等传统艺术的发展繁荣。但机械化、智能化生产的普及，传统的手工生产方式逐步被淘汰，电影电视的出现使人们娱乐休闲的方式发生了很大的改变，这使得传统手工艺、传统艺术失去传承的基础，面临生存的危机。这些矛盾和难题无论是发达国家还是发展中国家，都需要面对。

文化遗产需要得到保护，还需要得到有效的传承。保护是面对过去，传承是指向未来。根据文化遗产的不同特点和现状，应该采取不同的保护和传承形式。对于有社会基础、现状良好的文化遗产，如属于物质文化遗产的宗教建筑，属于非物质文化遗产的春节习俗等，其本身正处于健康发展的过程中，可以通过维护其生存环境，依据其自身发展规律，进行自然性保护和传承。例如春节，它具有团圆、除旧、迎新、祝福等基本元素，是全国范围的一项节日，可以通过继续开展春节相关的活动，使其健康地发展下去。对于那些不适应现代城市和工业化生产，无法吸引年轻人参与的文化遗产，如处于古街小巷中的名人故居或经典建筑，首先需要对其进行充分的修复和保护，其次需要进行充分的宣传，让更多的民众了解其中蕴含的历史、艺术和科学知识。

此外，非物质文化遗产除了保护，还需要保障其得到有效的传承。文化遗产教育传承可以通过学校正式教育和社区非正式学习等形式开展。教育的价值不仅仅是传承知识、技能和策略，教育的一个重要使命就是传承人类文化，并帮助学生把社会公共知识建构成个体知识以形成能力。文化遗产的教育传承主要是指以文化遗产为教学内容，面向学生和社会大众，为文化遗产的宣传、保护和有效传承服务的教育活动。其载体是各级学校特色课程和校本课程，以及各类非物质文化遗产专业班、培训班等。通过高等教育、中等职业教育、基础教育、社区教育等多种形式，全方位开展教育传承。在信息技术不断发展的今天，文化遗产的教育传承可以充分利用现代信息技术的优势，基于互联网、个人计算机、平板电脑和智能手机等设施，通过微视频、数字故事、多媒体课件、教育游戏等手段，充分利用课内外的时间，挖掘日常生活中的休闲时间，开展文化遗产的学习和传承。

三、国内外文化遗产数字化保存研究

数字化保存技术在文化遗产领域的使用可以追溯至20世纪90年代。当时，由美国斯坦福大学主持的“数字米开朗基罗计划”就开始用数字化工具对考古遗址的档案展开留存工作。1997年，我国敦煌研究院与浙江大学合作，在国家自然科学基金的支持下，开始了以数字化方式保存敦煌莫高窟的壁画彩塑艺术的工作。自1999年开始受欧盟科研项目经费援助的一系列以“文化遗产的数字化”为主题的研究项目也在文化遗产的数字化工程方面做出了重要技术贡献。

在非遗领域，也出现了一些国家和地方级的实践。埃及亚历山大图书馆的“文化和自然遗产信息中心”使用各种技术手段保存埃及的物质和非物质文化遗产，香港大学的“香港口述历史档案计划”是香港地区非遗的原生数字记录，巴拿马《民俗法》创设了“传统文化名录”，秘鲁创设了国家共有知识公共名录等。这其中，既有按国内或地方立法要求创设的数字档案或数据库（从上至下），也有完全由相关社群或其他民间力量创设的（从下至上）、并无法律承认其特殊权利体系的数据库。不少国家和机构拟定了文化遗产数字化的守则、职业道德规范等文本。

而我国自2008年就开始有省级非遗数据库上线。有学者在2012年统计了各个省份的基本建设情况及其遇到的困难。此后，各省的情况发生了一些变化，但如果依上文对“非遗数据库”的定义来判断，整体而言，现有的省级非遗“数据库”或“数字资源库”准确来说，更适合被称为“网络非遗展示平台 + 办公平台”。

就非遗数据库的用途而言，科诺（Kono）教授曾总结如下：行政用途（确认、分类、管理）、为未来保留历史记忆（保护、保存）、非遗持有人传承和教学使用以及宣传推广。在很多时候，这四种职能是兼备的。但实践中很多人指出，现有的非遗数据库大多建立在地方性的非遗普查基础上，而该种数据库无法承担上述这些多样性的职能。如魁北克非遗理事会总干事曾根据其本地经验分析认为，普查清单的公众参与度很低，无法起到传承和宣传的作用。如此一来，作为数字化非遗普查清单的非遗数据库主要就是起到行政管理的功能。如果说一些国家或地区已经建成了由多媒体数据构成的内容翔实且可供搜索的特殊领域非遗数据库，那么中国的情况则是国家和地方级的普查数据都不对公众开放，所以主要是起到管理和档案留存功能。另有非遗法规定的四级（国家级、省级、市级、县级）非遗代表性名录作为宣传之用，其不能实现数据库的“分析、整合、管理”功能，不能被称为数据库。从传承角度来看，暂时未能观察到现有的国家和省级非遗宣传平台的实际作用，主要依靠与之并列的传承人制度。

数据库的主要功能应该是管理和留存档案，而不是宣传和传承，这也符合2003年公约及其《业务指南》（Chapiter 3，para.80）的逻辑，即将保护分为“清单”和“传承”两条线。当然，这也是中国非遗立法的逻辑。目前，我国各省的“非遗数据库”以及中国艺术研究院、中国非物质文化遗产保护中心的“中国非物质文化遗产数字博物馆”在本质上都是橱窗性质的，都是以简单文字或少量多媒体材料的介绍为主，只涉及代表性名录中的非遗元素及其传承人，而对未列入各级名录的其他非遗元素均未有展现。同样，目前国内称为“非遗数字化”的文献多数以数字图书馆为主要研究对象，主要包括对原有的文本、图片、物件等收藏的数字化记录，而较少涉及公约和国内法定义包括的其他非遗内容的新近的数字化活动和成果。准确而言，我国现有的“非遗数据库”，从其实际功能来看，其实都是“非遗代表性名录数据整合”。当然，此种现状主要是因为“文化”概念边缘的不清晰和游移，导致“全面的非遗清单”在现实中必然是封闭的、不完整的、始终在变化的。然而，以“全面”为目标的“普查清单”和以“代表性”为目标的“名录”，并不能抹杀其根本性质上的区别，反而应当予以特别地指出和分析。

四、古村落的遗产价值

（一）遗产价值的分类

遗产价值分类是遗产价值评价的前提。在没有对遗产价值进行分类的情况下，在遗产价值评价中常常会出现两种问题：①某一类遗产价值占绝对主导，忽视其他类型的价值。如有些遗产价值评价中经济价值为主导，在之后的遗产保护中重视能使经济价值最大化的旅游开发，反而忽视了其最基本的遗产价值——历史价值的保护。②所有的遗产价值被视为“黑箱”，都被合并为“重要性（significance）”，不同类型遗产价值混淆，无法进行排序和优先，导致遗产保护缺乏针对性（Mason，2002）。遗产价值分类一方面可以使评价主体（不同利益相关群体）在共同的语境下通过不同方式去理解、讨论和评价遗产价值，另一方面可以引导评价主体针对不同遗产价值选择不同的评价方法。

1. 从历史学和文化学视角的分类

很早之前，就有一些人对我们今天称为“遗产”的对象非常欣赏，遗产开始被视为历史的见证和审美的对象，其历史价值和艺术价值开始受到关注。在此基础上对其进行的干预，被称为“修复（restoration）”，其中风格式修复和反修复

（保护）则被西方学者普遍认为是遗产保护理论的源头。19 世纪 30 年代，风格式修复最早由法国考古学家迪德伦（Didron）和梅里美（Merimei）所提出，它是一种基于严谨的考古学研究、倡导“最小干预”的保守式修复理念。但是在之后的一段时间内，随着考古学家们对中世纪建筑认知的演进、建筑师和工匠技术水准的提升以及建筑方法的改善，以法国建筑学家勒·杜克为代表的西方学者开始深入思考和界定遗产价值的概念和内涵，并试图在此基础上再次定义“修复”的作用。风格式修复理念相对激进，认为遗产价值主要在于艺术价值，认为历史建筑的遗产价值来自建筑场所精神中的、可能是从未存在过的、被构思时的“原初”状态，但是时间所带来的各种破损和遮盖会改变遗产的这种“原初”状态。“修复”的目的是将遗产恢复到它的“原初”状态，而不是一般意义上的保存、修缮或重建（屠李，张超荣，赵鹏军，2015；比尼亚斯，2012；尤基莱托，2016；方冉，2007）。

19 世纪 50 年代，针对“风格式修复”开始出现一波批判浪潮——“反修复”，它由公众影响力较大的英国艺术家约翰·罗斯金所领衔，这一批判浪潮在指责那些修复建筑师破坏文化遗产的历史原真性的同时，推崇对遗产的防护、保护和维护。“反修复”理念极力强调遗产的历史价值的重要性，这一理念为之后更多保护哲学的建立奠定了一定的理论基础。罗斯金的经典著作《建筑的七盏明灯》中这样强调了史实性的重要意义：“一个真正的古迹，而非它的现代仿制品，才是一个国家真正的遗产，才是历史古迹。”总的来说，与“风格式修复”理念相比，“反修复”理念相对保守，认为遗产价值主要在于其历史价值，而“修复”是因为对遗产的错误认知而导致的对其毁灭性的破坏，应逐渐为“保护”所替代（屠李，张超荣，赵鹏军，2015；比尼亚斯，2012）。正是以“反修复”理念为源头，现代遗产保护理论才得以诞生并逐渐形成，并得到学者们的普遍接受和认同（彭德尔伯里，2009）。

1902 年，维也纳艺术史学家李格尔（AloisRiegl）试图通过遗产价值理论阐释遗产保护，并首次对遗产价值进行了分类，这可以说是现代遗产保护领域一直影响至今的基础性理论创新。他将遗产价值分为两类：①纪念价值，是指遗产作为“古物”的重要意义，事实上对古物价值的欣赏对于公众来说是一种天性，并不需要对其进行特别的教育。②当代使用价值，包括“艺术价值”和“新物价值”，前者是指我们所能感知的遗产所具有的艺术品质，后者指的是艺术作品“从未被改变的”表象和特征，这些表征会提升遗产在民众心中所被赋予的价值（班德林，吴瑞梵，2012；屠李，赵鹏军，张超荣，2016）。而在 1964 年的《威尼斯宪章》

中则提出历史古迹的遗产价值在于“能从中找出一种独特的文明、一种有意义的发展或一个历史事件见证……不仅适用于伟大的艺术品，还适用于随时光流逝而获得文化意义的过去一些较为朴实的艺术品”，这一定义较为明确地指出了遗产价值包含文化价值、历史价值、艺术价值、科学价值等，遗产价值类型已经较为宽泛（ICOMOS，1964；史晨暄，2008）。

1972 年，教科文组织的《保护世界文化和自然遗产公约》站在全世界和全人类的高度去理解遗产价值，即“历史、艺术或科学角度具有突出的普遍价值”，“突出的普遍价值指罕见的、超越了国家界限的、对全人类的现在和未来均具有普遍的重要意义的文化或自然价值”（UNESCO，1972）。世界遗产委员会的《实施〈世界遗产公约〉的操作指南》自 1977 年首次确立了列入《世界遗产名录》的世界文化遗产的 6 条标准以来，已经历经了几十个版本的修订，目前最新的版本是 2017 年版（表 5–2–1）。总的来说，该标准在将世界遗产视为促进文化多样性的工具的前提下，强调遗产所具有的历史、艺术、科学、文化、精神价值等。1979 年，澳大利亚国家委员会的《巴拉宪章》（最后修订是 2013 年）提出“保护的目标是保护该场所的文化重要性（cultural significance）保护是有效管理文化重要性场所的重要组成部分”，它将文化重要性与“文化遗产意义（cultural heritage significance）”和“文化遗产价值（cultural heritage value）”视为相同的含义，并将其定义为“对过去、现在和将来的人们具有美学、历史、科学、社会和精神价值”。可见，在基于人类学、文化学的角度对遗产价值进行重新思考的背景下，遗产价值的类型开始从历史价值向文化价值扩展。

表 5–2–1　1977 年版与 2017 年版《实施〈世界遗产公约〉的操作指南》关于文化遗产标准的比较

标准	1977 年版	2017 年版
标准Ⅰ	反映独特的艺术或美学成就，是人类具有创造力的杰作	作为人类天才的具有创造力的杰作
标准Ⅱ	特定时间范围或文化地域内的建筑、纪念性雕塑、景观设计等，它们对艺术或人类聚落的可持续发展具有深远影响	是特定时间范围内或世界某一文化区域内人类价值观的重要体现，曾对建筑、技术、艺术、城镇规划或景观设计的发展有过重大影响
标准Ⅲ	是独一无二的，极其稀有或伟大的历史遗迹	能为延续至今或已经消失的传统文化或文明提供独特的见证

续表

标准	1977 年版	2017 年版
标准 IV	能反映一个重要的文化、社会、艺术、科学、技术或工业发展的结构特征的实例	是一种建筑，或建筑技术，或景观的典范，展现人类历史上的一个（或多个）重要时期
标准 V	一种在自然状态中易于损坏，或在不可逆的社会、经济、文化变迁下变得衰败的，并能反映重要的传统建筑形式、建筑方法或人类聚落特性的实例	是传统人类聚落、土地利用或海洋开发的典范，代表一种（或多种）文化或人类与环境的相互作用，尤其是面临不可逆变化的影响而变得易于损坏的部分
标准 VI	通过人、事件与具有突出的历史性重要价值的思想、信仰有重要的相关性	与具有突出的普遍意义的事件、活态传统、观点、信仰、艺术或文学作用直接或物质相关

2. 从经济学视角的分类

脱离传统的历史学和文化学视角，一些学者在对支撑遗产保护的已有的研究和知识进行重新思考的情况下，开始从经济学视角考虑遗产价值，并衍生出新的遗产价值类型——经济价值。有关遗产经济价值的相关研究主要关注哪些遗产价值可以被合理地用价格来反映，哪些因素决定遗产保护的资源分配决策。Frey（1997）则基于经济学视角，认为政府和各个部门所实施的遗产保护，会产生可以被用于其他目的的机会成本（如人力、物力投入等），为了理性地决策保护资金的使用，应该进行经济价值的评价。在这一认识下，他将遗产价值分为货币、选择、存在、遗赠、声望和教育价值 6 类。赞凯蒂（Zancheti）等（1997）则将遗产价值分为文化价值和社会经济价值两大类，而文化价值又包括认同、美学、技术以及稀有价值 4 小类，社会经济价值则包括经济、功能、教育以及政治价值 4 小类。

然而，近年来人们对遗产的多重价值的理解在某种程度上源于这一认知，即遗产保护会产生文化、经济、政治和社会结果，这一认知导致了遗产价值的“工具化”现象日益凸显。19 世纪 70 年代以来，世界各国政府和公共部门普遍开始提供资金支持遗产保护。在前述认知下，政府开始要求这些被支持的遗产保护项目必须影响当地的经济、社会、政治等的发展，对遗产保护的支持开始建立在满足政府发展目标的前提下，而不是遵循遗产保护领域的内在逻辑。遗产的多样性价值被“工具化”，本质上已经成为遗产保护的“威胁”。所以，尽管“遗产价值是时空的社会建构”的观念日渐增强，遗产保护领域仍有对“内在价值”观念顽固的坚持，以及将其与遗产的更加明显的工具化作用相分离的愿望（Pendlebury，2009）。

（二）传统村落的遗产价值分析

当前遗产保护领域普遍认为，遗产是从历史和文化角度外在施加了特殊意义的载体，即现阶段从历史和文化角度来建构遗产的历史、文化和社会价值仍然是最为重要的（Pendlebury，2009）。结合已有学者对传统村落遗产价值的分类，本书认为应该从历史和文化的角度分析传统村落遗产价值，主要包括历史文化价值和社会价值。

1. 古村落的历史文化价值

（1）古村落承载着村聚落的形成和演变历史与文化。传统村落始建年代久远，经历了不同朝代的更迭兴替，承载着丰富厚重的历史信息。在中国传统的“天、地、人”文化以及特定地域文化的影响下，我国不同地区的传统村落在村落选址、空间格局、传统风貌、传统建筑等方面呈现出不同的特点。

（2）传统村落记录着不同时期且具有典型地域特色的传统建筑文化。传统村落保存有相当数量、不同类型的传统建筑以及历史环境要素，如祠堂、民居、庙宇、驿道、渡口、石磨、古树、古井、古墓或者古遗址。

（3）传统村落传承着具有典型地域文化精髓的非物质文化遗产。

2. 古村落的社会价值

（1）传统村落是农村生产生活的载体。传统村落是特定地域内农民世世代代生产生活的场所，目前仍以农业人口居住生活和从事农业生产为主。

（2）传统村落维系着村民的精神家园。传统村落是基于血缘和地缘关系自然形成的农村社区，在村民与传统村落的长期互动过程中，村民会形成强烈的社区认同和地方依恋。

五、从文化空间角度分析古村落文化遗产的保护

（一）文化空间适应需求分析

文化空间的保护涉及多个社会群体，在保护方法上也包含从宏观调控到具体措施等多个层次。通过对一些古村落作为非物质文化遗产空间载体的文化空间的调研，可以总结出对文化空间的保护需求。

1. 空间完整性需求

文化空间完整性的需求体现在好的场地的完整和配套设施的齐全。活动场地的完整性是该文化空间所承载的非物质文化遗产生存和发展所需的必然要求。第一，场地完整性需求。对于大多数的文化活动来说，都需要一定的场地进行相关活动的开展，场地的大小、类型等与活动的类型相关，满足活动的场地需求是相关文化遗产保护的先决条件。第二，配套设施的齐全是保障活动能够有效进行的有力支撑条件。活动自身所需要的设施是活动正常开展的重要条件，群众参与所需的服务设施是衡量群众能否顺利参与活动的必要条件，两种设施构成了相关文化活动正常进行的支撑基础。

表 5-2-2　村落空间完整性主要限制条件

文化空间		信仰文化空间	民俗活动文化空间	风俗文化空间
活动场地	类型	宗教、宗族场所	周期性文化活动场地	院落、街巷
	完整性	是否有相关场地	是否有相关场地	是否有相关休憩设施
内部设施	类型	相关活动设施	活动与参与活动设施	休憩设施
	完整性	是否满足活动需求	是否满足精神需求	是否方便人的使用

在保护非物质文化遗产的过程中，注重文化整体性，保持原有的非物质文化遗产特征，注重其文化和承载其活动的文化空间的保护，成为一个完整的传承民族特征。传统村落在长期的历史发展中形成了丰富的文化形式，在其传播过程中又形成了一系列具有代表性的文化活动。不同的文化形式带来了丰富多样的文化活动，互相促进文化空间的完整性，为非物质文化遗产保护与发展提供新的方法。非物质文化遗产在历史的发展中出现跨区域分布情况，地域性的完整保护显得尤为重要。由于区域划分重叠，各部门对其区域的保护政策不同导致该区域保护工作滞后。区域性导致文化空间的完整性受到破坏，不利于非物质文化遗产的保护和传承。对文化空间存在的区域进行整体性保护有利于统一规划建设，也是对处于不同行政区的同一文化空间的整体协调，增强保护政策的实施力度。

2. 活态传承需求

目前，活态保护方法被认为是最佳的非物质文化遗产的保护方式。文化空间真实地存在于人们的社会生活中，相关文化活动的正常进行对文化空间的保护作用是巨大的。

第一，社会需求。随着社会经济的发展，村民对非物质文化遗产的需求转变，人的活动需求是非物质文化遗产及文化空间保护与发展的主要推动力，只有真实地存在于人们的日常生活中，才能呈现出生命力和活力，在保护过程中使其回归生活，并服务于村民的生产生活。

第二，政策的积极引导与支持。非物质文化遗产具有较强的地域性，村民作为活动的主体，虽对其文化空间进行保护，但是能力和保护范围有限，保护工作还需更深入。政府层面的支持与引导，为非物质文化遗产活态性传承保护提供了有力支撑。文化空间的保护与发展涵盖整个传统村落，其保护的首要任务是健全和完善传统村落的建设指标体系。就目前而言，现有的村落建设指标体系并没有覆盖所有的传统村落文化空间，没有了规范，很多保护处于停滞状态。发展文化旅游增强民族文化认同感，加强相关文化活动的社会需求，对文化空间的活态性保护具有重要意义。

3. 原真性保护需求

原真性保护可使非物质文化遗产在传承过程中保持相对稳定，保证其不偏离原有文化内涵而发生适应性的改变。

第一，引导村民选择正确的文化形式。村民对文化形式的选择过程往往是外来文化与传统文化的较量过程。村落的经济得到发展，人们的审美观念、价值等发生转变，村民必然会对现代文化产生兴趣，这种转变使村民不满足现有的生产生活方式，新的需求无法得到实现。保证非物质文化原真性传承就要使其适应村民不断变化的生产生活方式，使村落占据主导地位，以民间团体或专业机构等引导其融入日常生产生活中，这也是文化空间完整性的必然要求。

第二，沿袭原有的文化脉络。保护非物质文化遗产的原真性传承，是指保护原有文化内涵的真实性传承，保证传播方式不脱节。对非物质文化遗产的原真性保护，应该保护其文化内涵和传承发展方式等文化脉络，使非物质文化遗产沿着其脉络传承。

第三，落实并加强传承人保护制度。保障传承人的基本物质生活，是传统活动开展的前提和基础。

（1）传承人的物质生活最基本的保障是通过财政的直接拨款，或者通过行政手段鼓励和支持传承人进行相关活动以带来经济效益。

（2）提高传承人的社会荣誉感，提高传承人对非物质文化遗产保护的积极性，是保证非物质文化遗产原真性保护的必然要求。

（3）对于一部分急需保护的文化活动，应该以“文化档案”的方式对传承人掌握的文化遗产进行保护。运用多媒体等高科技手段，对传承人最原始的传统文化记忆进行科学的采集整理。

（二）文化空间的保护方法

要保护古村落的历史风貌和聚落生活形态，整体延续村落的历史发展脉络，就要严格保护古村落周边的自然环境，包括山脉、林地、溪流和田园等生态环境；充分尊重古村落的布局结构、传统肌理、历史遗存等人工环境；深入挖掘古村落的传统文化、民间工艺、民俗风情等人文特色，整体把握传统村落的人工、人文和自然环境。

1. 划定保护区

保护规划分为两个层次，分别对应本层次的保护范围。首先是古村落行政村范围，本层次主要保护古村落外部山水格局环境、村落演变与发展所依托的自然生态环境以及村域内需要保护的历史文化资源与自然景观等内容。其次是在古村落保护界限内划出一定的保护范围，是保护规划的重点，主要保护古村落格局肌理、街巷、水系、梯田、历史环境要素、物质及非物质文化等内容。根据国标《历史文化名城名镇名村保护规划编制要求（试行）》（2012）规定，可将古村落保护范围划为：核心保护区、建设控制地带和环境协调区。具体可以根据古村落空间格局、自然环境、历史建筑遗存、历史环境要素等分布状况进行，划定的保护范围与周边自然环境相协调，在保护范围之外另划定古村落环境协调区。

（1）核心保护区

根据古村落古建筑集中成片、集中布局的特点，同时本着便于核心保护区实施管理的原则，以田埂、道路、水系等要素为划分界限的依据，将保护范围划分为几个核心保护区。

其一，核心保护区保护要求。禁止在古村落核心保护区内新建或扩建建筑物、构筑物，但必要的基础设施和公共服务设施以及复建与古村有紧密联系的重要构筑物除外，由城乡规划主管部门审核并通过同级文物主管部门的同意。改造整治过程中应符合历史风貌，核心保护范围的主要出入口设置标志牌。

其二，符合历史建筑认定标准、尚未被列为历史建筑的建筑物保护措施要求。①在保护建筑的本体周边新建、改建、扩建建筑时，应与保护建筑相协调，不得改变保护建筑周围原有的空间景观特征，不得影响保护建筑的正常使用。②采取不改变保护建筑原状的原则，以求真实反映历史遗存，可依法进行局部修缮或对个别构件进行更换。

（2）建设控制地带

指处于保护范围以内、核心保护区以外的区域，能对核心保护区起到缓冲作用，其划定是为了延续古村的传统景观风貌，使整体建筑风格和环境风貌和谐过渡。一般古村落建设控制地带范围包括核心保护范围外与古村有紧密联系的环境，包括梯田、河流、树木、植被等区域。禁止在建设控制地带内新建或扩建建筑物、构筑物，但必要的基础设施和公共服务设施以及复建与古村有紧密联系的重要构筑物除外，具体要求如下：高度，古村落大部分为一、二层建筑，建设控制地带内的新建建筑物、构筑物，原则上高度不超过二层，分为两级控制——控高一层区域、控高二层区域；体量，建设控制地带内的新建建筑物、构筑物，在体量上（长度、宽度、高度等）应与原有历史民居相协调，不应建设体量过大的建筑，从而破坏原有空间尺度；色彩，建设控制地带内的新建建筑物、构筑物，在色彩上要沿用传统色彩，木质以原木色为主；使用性质，建设控制地带内的新建建筑物、构筑物，在使用性质上要以居住、基础设施、公共服务设施为主。

（3）环境协调区

为保证整个历史文化名村风貌环境的完整性，在保护范围之外划定环境协调区。古村落环境协调区为建设控制地带外围重要视觉、文化关联所及的村落建筑、农田、竹林、植被及周边山水环境。包括在规划保护范围以南区域的高坪自然保护区，其建筑风格、外观形象也须与古村落统一协调，以保持地域历史文脉的整体延续性。

2. 保护传统格局

（1）山水格局保护

传统村落的布局注重和周边山水的融合，在营建过程中对山水的融合继续强化。为保护好村庄的整体生态环境，维持田园与水系现有的格局、依存关系，规划对行政村域内水体环境的保护，提出以下控制要求：对存在坍塌、山洪淹没隐患的河岸采取整治和清淤等措施，保护河岸两侧的树木林带，维持生态涵养；严禁在河道、河岸两侧新建无关建筑、构筑物，严禁开挖河堤、填埋沙土等破坏活动；保护好现有水塘，采取加固、构筑塘岸基脚等处理措施；禁止村民将生活垃圾或生活污水直接倒入、排入水体，在局部也可考虑运用自然驳岸，形成良好的自然景观。村庄周边的山体植被是不可缺少的、重要的自然生态资源，山体的地势地貌须严格保护，禁止对山体进行开采和破坏。山体植被需要长时间地维护和保养，尊重植被的多样性，保护山体不受人为因素的影响，注意森林防火等方面的防护措施。

（2）空间节点保护

一般传统村落内重要空间节点包括祠堂、戏台、门楼牌匾、古桥、古井和古石墙等。宗祠与宗祠前广场是村落中最重要的文化空间，应该以保护性修缮为主，保持周边及其环境的原样，用以展示居民传统的祭祀活动；门楼牌匾与古桥属于过渡性文化空间，一般位于水系或街巷空间之中，使人们驻足停留、交谈，具有很强的地理标识性，应严格保护构成此类空间的要素，保持原貌，限制空间范围内的建设，避免对空间的大范围修改。古井与池塘不仅是排给水与洗涤休息的空间，也体现了村落传统风水的思想，应该以修缮和环境整治为主，限制新建建筑，避免对周边景观轮廓的破坏。古石墙作为村落的边界，是村落给人的第一印象，应突出保护具有村落文化价值的传统建筑，展示村落特色。

3. 保护历史风貌

（1）建筑保护控制

对保护区内的现存建构筑物应提出保护、修缮、更新、改造、清理、拆除等保护建议。对符合历史建筑认定标准、尚未被列为历史建筑的在保存建筑内外原有结构主体、外观特征的前提下，进行日常保养、防护加固、现状修整、重点修复等活动；对于传统风貌建筑，其内部允许改善和更新以适应现代生活方式；对于其他建筑，建筑质量评定为“好”的，可作保留类建筑，与传统风貌不协调的可采取整治、改造等措施，对建筑质量差的采取拆除措施。

（2）历史环境要素保护

对影响村落历史风貌的其他历史环境要素，不应改变历史环境要素的外观特征及周围环境，控制要素可视范围内的建设行为。对古村落范围内的古树名木，建立档案和标志，划定保护范围，加强养护管理。对村落内的所有古树名木进行拍照、挂牌，标明树名、学名、科属和负责单位。保护村落内其他历史要素，包括古桥、古井、石砌河道、石砌围墙、古石门、石阶等，进行修缮维护以恢复原有风貌，保护与整治周边环境，使其成为体现村落文化价值的特色景观点。

（3）传统文化保护

传统村落的优秀传统文化是中国文化多样性的表现之一，更应加强对物质和非物质文化遗产的保护。村落文化的活态传承需要通过各种途径和形式表现出来，而表现和传承需要以空间为物质载体，对非物质文化的保护还需落实到物质空间中来。

总之，对传统村落文化空间的发展需求和保护需求进行分析，文化空间的各种条件和人的活动决定文化空间的空间属性。传统村落文化空间的发展需求包括文化认同度、精神文化需求和空间需求三个方面。村民对非物质文化的认同度是保护文化空间的重要依据之一，对村落文化的认同度越高，文化空间的保护工作越能高效开展。文化的认同也是村落保护的内在推动力。随着新型娱乐方式的多样化，村民对传统文化活动的需求逐渐减少，在对社会需求的调查分析中，把村民的精神需求贯彻到保护文化空间的各个领域之中，从而给传统村落文化空间的保护与发展提供直接经验。各类非物质文化遗产只有存在于日常生活中才能保证其活态传承。在生产生活中对各类空间的使用分析特别是对文化空间的空间需求分析，是保证文化空间保护适应村民生产生活需求的前提。

传统村落文化空间的保护涉及多种社会群体，在保护方法上也包括了从宏观调控到具体措施等多个层次。文化空间的保护需求包括空间完整性、活态性传承和原真性保护三个方面。文化空间完整性的需求体现在场地的完整和配套设施的齐全，是该文化空间所承载的非物质文化遗产生存和发展的所需的必然要求；活态保护是保证非物质文化遗产及其文化空间真实地存在于人们的社会生活中，是对传统村落保护的重要举措；原真性保护可使非物质文化遗产在传承过程中保持相对稳定，保证其不偏离原有文化内涵而发生适应性的改变。古村落相对闭塞，具有深厚的历史文化积淀，蕴含着丰富的民间表演艺术和独特的风水文化信仰等。针对其文化空间类型分别提出保护建议，并找到具体保护方法，可使认同与适应的问题得到有效解决。划定保护区对其核心保护区进行重点保护，对建筑控制区和环境协调区进行分级保护，通过对传统山水格局和空间节点的保护，整体把握传统村落的人工、人文、自然环境。通过对建筑保护的控制、历史环境要素的保护和传统文化的保护，把精神层次的保护方法引申到具体的物质空间保护，形成系统的传统村落文化空间的保护方法，为今后同类型村落的保护提供依据。

六、古村落文化遗产数字化保护与传承渠道

从戏剧到电影，从电影到电视普及，从电视到互联网，乃至现在作为研究热点的物联网，近年来，人们的生活方式、生活水平、生活质量发生了很大的变化，促进这变化发生的最大推动力就是信息技术。对于文化遗产的保护和传承，信息技术是一把双刃剑。比如，因为信息技术的出现，人们对计算机产生了浓厚的兴趣，导致传统的戏剧失去大量的观众。同时，因为信息技术的发展，经典传统戏剧有了数字化记录和永久保存的方法，人们可以随时欣赏已故戏剧名家的经典唱段。因为信息技术的发展，年轻人沉迷于网络和游戏，导致“无暇”学习传统技

艺，"藐视"经典作品，让"非遗"拥有者难觅传承人。同样，信息技术的出现，对文化遗产的保护和传承起到了很大的促进作用。通过扫描、建模、拍照、感知等信息技术手段，可以将文化遗产的面貌和各种属性进行建档保存，作为后续修补的依据，每次修补的档案构成了文化遗产保护和传承的历史记录，有利于在传承中保持原始风貌，避免因传承人的逝去而丢失历史信息。

在信息技术时代，文化遗产数字化是利用信息技术手段，将物质文化遗产和非物质文化遗产内容信息进行采集和加工后，以二进制的方式存储，包括文化遗产的历史影像、制作过程、建筑结构等，以实现文化遗产的保护和传播。数字化的载体分为数字博物馆、数字图书馆、专题网站、数字民俗馆等形式。数字化的内容形式包括数字故事、微视频、计算机游戏、沉浸式虚拟现实系统等（表 5-2-3）。

表 5-2-3　不同载体的数字化形式

数字化载体	数字化形式
数字博物馆	照片、3D 模型、视频、文本介绍，虚拟交互、虚拟游览
数字图书馆特色数据库	论文、报告、著作，多媒体课件、教育游戏、电子教材、照片、视频、模型
专题网站	以社区形式汇集、梳理来自民间和学术组织的文化遗产资源，文本、照片、视频等
数字民俗馆	综合性的非物质文化遗产主题资源库，文本、照片、视频、3D 模型，虚拟交互、虚拟游览

（一）建立数字博物馆

数字博物馆作为新时代科技与文化教育的结合产物，是实体博物馆的进阶形式，主要是指运用虚拟现实技术、三维图形图像技术、计算机网络技术、立体显示系统以及特种视效技术等高新科技，在数字空间中实现实体博物馆收藏品数据的转化与展示，遵循博物馆的一般规则，并且具有博物馆的一般功能。相较于传统实体博物馆，数字博物馆具有特殊的时代优势，在藏品征集方面更为方便快捷，在藏品保管方面更为安全可靠，在展示传播方面更为广阔生动，并且能够为学术研究提供数据检索、对比与统计功能，整体开放性更好。随着数字博物馆发展的日益成熟，公众与博物馆间的互动需求愈发强烈，虚拟技术作为数字空间现实化的高新科技，是连接人类与数字空间的关键技术，主要依赖三维实时图形显示、三维定位跟踪、人机交互技术、人工智能技术、高速计算与并行计算技术等多项技术，能够实现公众与数字博物馆深度交互。

在新时代背景下，充分利用信息技术，加强数字博物馆的建立，是保护和传承我国珍贵文化遗产的主要渠道，也为古村落活化和发展打开了新的篇章。

图 5-2-1　湘江古镇群数字博物馆

我国典型的文化遗产数字博物馆有中国国家博物馆、台北故宫博物院、上海博物馆、故宫博物院等，以数字化形式为我们呈现了珍贵的物质及非物质文化，为文化传承提供了极大的助力。

可以发现，我国很多博物馆在数字化展示、虚拟交互和游览、文献检索服务、信息咨询发布等方面功能日趋完善，实体博物馆与数字博物馆相互补充，满足了不同用户的浏览需求。在文化遗产数字化方面，图文混排形式的静态展示，绝大部分已经实现，而基于虚拟现实技术的虚拟游览、人机交互在很多博物馆中也已经实现。很多的博物馆网站已经开设专门的栏目为用户了解、学习文化遗产提供资源。

就像互联网、电信网和广播电视网的三网融合一样，网络专用数据库、数字图书馆、数字博物馆也需要向融合的方向发展。如高校的数字图书馆，除了采用数字化手段借阅传统图书和数字图书外，专用特色数据库的增加正在不断改变用户的使用习惯。博物馆的发展也是如此。随着泛在学习、非正式学习的不断发展，博物馆在人们的学习和生活中的定位正在发生改变。博物馆除了用于一般意义的参观和浏览外，可以是研究性学习、探究性活动的实践基地，也可以是课堂教学的教学资源来源，更应该是文化遗产教育传承的主阵地。

综上所述，以文化遗产传承为目的的数字博物馆，应具有以下功能：

1. 文化遗产的数字化存储

如将文化遗产进行编码，转化成数字资料进行保存，根据文化遗产的不同特点创建各种文化遗产专用数据库，用户可以通过网络进行浏览和检索。

2. 文化遗产的数字化展示

如根据文化遗产类型进行分类展示，利用 3D 建模技术、虚拟现实技术、体感技术等进行虚拟游览设计等。

3. 文化遗产的教育传承服务

除了提供文化遗产的数字化图文资料和讲座视频，还应该设置专题空间，方便师生开展教学。同时，以教育传承为主旨，创建文化遗产移动学习系统、教育游戏等。

图 5-2-2 数字博物馆展品

（二）建立数字图书馆

数字图书馆是利用计算机网络、多媒体等现代信息技术，实现图书、文献等资源的数字化，并提供阅读、下载等服务的系统。当前，高校图书馆和大型公共图书馆的数字图书馆建设已经取得了很好的成效，一些专业公司开发的数字图书馆，如超星数字图书馆、书生之家数字图书馆等也受到了广泛的欢迎。随着数字图书馆技术的成熟，以及数字图书馆建设的不断深入，针对不同内容和对象的特色数据库也层出不穷，成为数字图书馆的重要组成部分。中国知网（CNKI）、万方数据、维普期刊资源、Springer Link 电子图书等特色数据库，为师生的教学和研究提供了很大的帮助。

比如，江南大学曾建立“汉民族民间服饰特色数据库”，将汉民族民间服饰的相关资料进行汇总、分类和整理，为人们了解相关知识提供了方便，同时促进了汉文化的传承与发扬。而在古村落活化保护过程中，我们可以根据村落文化景观的特色建立数字图书馆，实现古村落信息资源的共建、共知、共享。

（三）借助微视频

微视频是数字视频的一种。数字视频是用数字化方式记录、编码和传播的视频资料，在数字视频前面加个“微”字，就是微视频，即呈现时间长度有限的数字视频。

比如，《惠山泥人》就是对微视频用于文化遗产保护和教育传承的探索和尝试。惠山泥人和其他非物质文化遗产一样，面临着生存和发展的危机，老一代工艺大师虽然还在坚守，但新一代继承人成长困难。因为市场太小，收入不高，年轻人缺乏兴趣。通过微视频，可以基于网络宣传和传播惠山泥人的制作工艺和价值，让更多的人了解惠山泥人，形成良好的社会基础。本片通过民间传说引出惠山泥人的文化内涵及“三分塑，七分彩”之说，通过沈大授厂长口述惠山泥人厂的营业状况及拆迁变化来反映惠山泥人行业的发展现状，以学徒的平视角度叙述对未来的发展做出预测，以厂长对惠山泥人行业未来发展的寄托作为结尾，升华主题。这部微视频纪录片以展现和弘扬惠山泥人文化为目的，以采访、纪实的形式反映了惠山泥人厂的发展困境与希望，寻求公众对中国非物质文化遗产保护的关注；从平视的角度采访工艺美术大师，展示他们最真实的情感、最客观的影像。

在古村落活化保护过程中，我们可以充分借助微视频，以动态的形式展示村落特色，以突破传统媒介的局限。比如，在古村落考察过程中，可利用手机、相机等设备，对村落建筑、街道格局、居民服饰、丰富活动等内容进行录制，然后经过后期处理制作成微视频，借助各大网络平台进行传播，以提高古村落的知名度和影响力，让更多的人领略古村落的独特风光。当然，微视频的使用应当开放而灵活，针对一些受损的古建筑，可以利用动画技术进行复原，经过后期处理制作成动画短视频，一方面呈现古村落的风貌，另一方面引起人们对古村落文化遗产保护的重视。

（四）利用虚拟现实技术

1. 什么是虚拟现实技术

虚拟现实技术集中体现了计算机图形学、多媒体技术、人体工程学、人机交互理论、人工智能等多个领域的最新成果，是一种实时模拟和实时交互的人机接口，可以通过多种感觉通道来实现，比如味觉、视觉等。

虚拟现实系统分为沉浸式虚拟现实系统、桌面式虚拟现实系统、分布式虚拟现实系统和增强现实式虚拟现实系统四种类型。沉浸式虚拟现实系统可以让用户感觉完全处于虚拟创造的360° 环境之中，用户借助相关设备与虚拟世界进行全方位的交互，使用户产生身临其境的感觉。沉浸式虚拟现实系统往往包含大量的显示、跟踪、交互等设备，需要一个大型的环境和大型的软件将这些设备进行整合，所以系统价格昂贵，适用于投资大、要求高的场合，如飞机模拟驾驶训练等。桌面式虚拟现实系统通常利用个人计算机进行仿真和交互，将个人计算机的屏幕作为用户观察虚拟环境的窗口，利用鼠标、键盘、力矩球等设备和虚拟场景中的对象进行交互，并操纵其中的物体对象。桌面式虚拟现实系统投资成本低、使用灵活方便、应用范围广，非常适合教育教学等复杂度和沉浸性要求不高的场合，如职业技术教育中的虚拟仿真等。将多个虚拟现实用户通过计算机网络进行连接，使他们处于同一个虚拟空间，共同体验虚拟环境，就是分布式虚拟现实技术。它可以实现多个用户在同一个虚拟世界中进行漫游、观察和交互，达到协同工作的目的。增强现实式虚拟现实系统不仅利用虚拟现实技术来模拟和仿真现实世界，还可以增强参与者对真实环境的感受，也就是增强现实中无法感知或不便感知的感受。增强现实技术在电视广播或转播中也广泛使用，如体育竞赛中球体运动轨迹实时显示，球场广告嵌入等；在人机交互中也被采用，如多点触摸系统，将虚拟的交互水晶体和系统真实背景融合，实现人机交互。

虚拟现实系统除了硬件系统外，还需要仿真和交互软件系统与之配合，构成完整的虚拟现实系统。常用的虚拟现实软件创作平台包括 GL Studio、Eon Studios Virtools、Unity 等。其中 Virtools 是一套具备丰富交互行为模块的实时 3D 环境虚拟现实创作平台，用于创作不同应用领域的虚拟现实作品，如 3D 网络游戏、多媒体展示、建筑设计、教育训练、虚拟仿真等。

在虚拟现实系统中，虚拟世界通常包含三种情况。一种情况是真实世界的再现。如文物古迹保护中真实历史古建筑的虚拟重建，这种真实建筑物可能是已经建好的；或者是已经设计好但是还没建好的；也可能是原来完好，现在被损坏的，古村落中历史古建筑复原就属于这种情况（图 5-2-3）。另一种情况是完全虚拟的，如一些影视作品和三维游戏场景（图 5-2-4）。最后一种情况真实世界不存在或者人眼看不见，如分子结构，各种物理现象等。

图 5-2-3 历史建筑复原

图 5-2-4 三维游戏场景

2. 利用虚拟现实技术进行文化遗产保护

虚拟现实技术用于文化遗产的数字化保护有很多的优势。与传统的“口传身授”传承方式相比，利用计算机对文化遗产进行数字化，包括图像、文本和三维建模，通过虚拟现实技术进行交互设计，除了可以将文化遗产进行永久保存外，还有助于将抽象的概念或知识形象化和具体化，帮助用户学习和理解。借助虚拟现实技术，还可以突破地域的限制，让用户和学习者不用走出家门，就可以浏览、参观和学习分布于不同地区的文化遗产资源。如中国国家博物馆地处北京、台北故宫博物院地处台湾、上海博物院地处上海，如果没有数字博物馆和虚拟现实技术，用户需要实地参观和浏览，时间、金钱上都是一笔很大的投入。借助这三家数字化博物馆，以及其中基于虚拟现实技术的虚拟展厅，用户可以在家中通过互联网随时浏览、参观和学习。

虚拟现实技术还可以帮助文化遗产开展教育传承，利用虚拟现实技术开发平台，开展文化遗产教学内容的桌面式虚拟现实应用软件开发，可以在课堂环境中开展浏览和操作实践，如古镇漫游、刺绣训练等。虽然虚拟现实技术不能完全替代真正的探究，也无法替代师徒传承等方式，但对于无法让学生亲自动手、实际体验的学习活动来说，实在是一种很好的替代。在自然文化遗产保护方面，可以将遗产实体，如古建筑，通过建模或影像数据采集手段，建立实物三维模型或模型数据库，保存文物原有的各种数据和空间关系等重要信息，实现遗产资源的科学、高精度和永久保存。

江南古镇、苏州园林、名人故居等数量众多的古建筑，作为物质文化遗产，分布在环太湖地区的各个城市，要实地走访上述所有的文化遗产是不可能的。在教学中，各学校对于本地的文化遗产可进行实地实践教学，而对于其他城市和地区的文化遗产，则可以利用计算机图形技术或建模软件进行建模，通过数字博物馆、专题网站等数字化教学资源进行了解或虚拟漫游。

第三节　三维模型与景观基因结合——以长沙乔口古镇为例

团头湖古遗址说明乔口是湖南省望城区最先有人类的地方，是望城人民的发源地，距今有 5000 多年的历史。“长沙十万户，乔口八千家，朝有千人作揖，夜有万盏明灯。”这几句道出了古时乔口之繁华。沧海桑田，曾经的古镇一度沉寂。挖掘地域历史文化内涵，从人文、民俗、建筑、民间传说、非物质文化遗产中提取典型元素，利用三维虚拟仿真技术全方位地将乔口古镇的文化、历史、景观呈现出来，就是达到活化、保护、利用的目的的一种方法。

保护和活化古村落，主要目的是传承和发展古村落所蕴藏的珍贵的文化遗产。乔口古镇最引人注目的一大文化遗产就是渔文化，因此，本章节将充分阐述“文化与科技融合”的思路，真正意义上为历史和文化的传承服务。通过三维模型，让观众感受乔口的历史文化，从而产生情感共鸣、激发民族自信，形成主动的文化传播与传承，实现活化保护。

一、乔口文化三维模型素材的采集与优化

（一）采集内容

我们可以通过访谈法、现场拍摄法、文献资料查阅法进行素材采集，主要采

集内容包括渔文化外化表现、渔具、建筑、雕花等景观基因。

（二）数字化优化处理

现场采集到的资料因为环境、天气、人员和技术等原因，会有很多不尽如人意的地方，如破损、掉色、失真、模糊、有透视、色彩不饱和、有曝光点等。所以对采集到的素材需要进行数字化优化和复原。

1. 数字化优化

我们可以采用 Photoshop、CorelDRAW、Fireworks 等图形图像处理软件对采集到的作品进行优化与处理，处理的关键点包括模拟复原、背景降噪、二值处理、透视纠正、清晰度纠正、色彩还原、统一分辨率等。以上软件都是普及率比较高的软件，这里不再详细介绍它们的图形图像优化处理方法及技术难点。

2. 压缩与存储

大部分的图像均由数码相机、扫描仪等输入设备经数字化过程得到，其优点是分辨率较高、图像清晰，但缺点是所占存储空间很大。一般来说，一幅 A4 大小尺寸的图纸经数码相机数字化后得到的 JPEG 格式图像文件所占空间为 1.5～3MB。这样的图片在上传、下载、浏览时都会占用大量网络带宽，造成浏览、上传和下载的速度过慢，因此必须采用高效的压缩算法将原图像进行压缩。压缩图像的目的是在保证图像视觉效果的前提下，尽量减少图像的存储空间以达到较高的传输效率。

图 5-3-1　采集的图像资料（1）

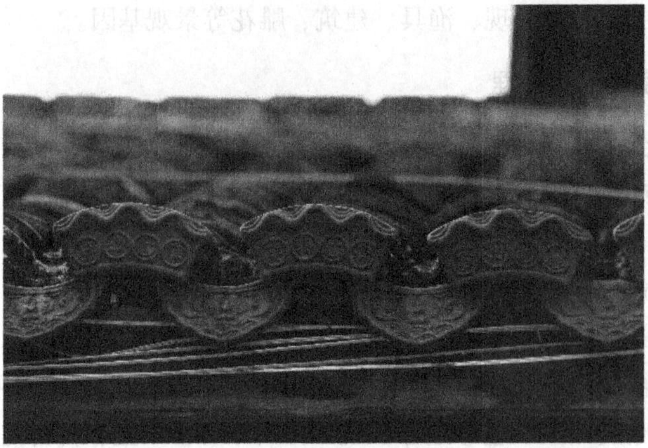

图 5-3-2 采集的图像资料（2）

二、素材的分类与解析

以乔口古镇为例，结合其地域文化，将收集的景观基因按使用场景进行分类，比如瓦当、雕花、地砖、装饰、门头等。

图 5-3-3 乔口古镇万寿街“寿”字地砖

（一）寿文化

乔口是湖南省长沙望城人民的发源地，也是望城地区最早的人类居住地，距今已有 5000 多年的历史。

五福之首为长寿。“五福”一词，源于《尚书·洪范》，是古代中华民族关于幸福观的五条标准。

（二）渔文化

乔口古镇自然景观十分优美，有长沙最大的纯天然湖泊，湖岸弯多曲折，湖区风景宜人，镇内的自然景观与人文景观更是交相辉映。同时，近年来为满足市区休闲度假需求，乔口打出了“渔都”的招牌，成为长沙郊区垂钓、吃鱼的好去处。

自古以来，乔口古镇人民善渔，当地盛产鲜鱼。当地有个习俗，各种宴席都离不开鱼，有“无鱼不成席”之说。乔口古镇依水而生，“智者乐水，仁者乐山”，人遇到了水就如鱼得水过得惬意而安然，自然能使心胸更为阔大而满怀善意。

图 5-3-4　乔口渔都

图 5-3-5　乔口渔文化延续至今

第六章 数字艺术与古村落活化实例分析

人类社会的历史长河流淌了几千年，经过世世代代的沉淀和冲洗，每个国家、地区和城市都积累了丰富多彩、个性鲜明的物质或非物质文化遗产，它们都是人类共同的财富。中国作为世界文明古国，拥有悠久的历史和璀璨的文化，经过5000多年的发展，积累了丰富的文化遗产。它们是中华民族的精髓，是先人奋斗精神的载体，是中华民族屹立于世界的文化标志。人类需要一个丰富多彩的世界，这些历史悠久、个性鲜明、艺术价值极高的文化遗产，需要我们每一代人的保护、传承和发扬。和自然界的物种一样，历史文化遗产也有生命力，那些贴近百姓生活，能够适应人类社会和经济发展的文化遗产，在人类社会发展的过程中得到了有效的传承，并发扬光大，如春节、古寺庙等。有些文化遗产产生于一定的历史背景，适应能力较差，随着社会的生产、生活方式的变化，它们逐渐失去了人们的关注或者失去了生存的空间，如传统戏剧、传统手工艺等。当前，我们在享受经济发展成果的同时，必须面对工业化、城市化给文化遗产带来的冲击，思考如何保护、传承文化遗产。社会信息化、全球经济一体化已成大势所趋，我国改革开放的深入以及经济的进一步发展，使人们的物质消费方式和生活观念不断发生改变，那些传统的戏剧和手工艺，那些分散在城市的各个角落、面临着拆毁消失危险的古建筑，它们无法吸引年轻人的关注，无法靠自身的力量生存和发展。我们需要让儿童和青少年了解中华民族优秀的文化遗产，让全社会关心和支持文化遗产的保护和传承。同样，利用信息技术的手段，对文化遗产进行数字化保护，系统和有效地开展文化遗产的教育传承，是当前保护和传承古村落文化遗产的有效手段之一。

近些年来，随着数字艺术的发展，我国在文化遗产保护方面取得了不小的成就。本章以湖南省长沙段湘江古镇群、河北井陉县大梁江村以及南岭瑶寨为例，说明数字艺术在古村落活化保护中起到的作用。

第一节 以长沙段湘江古镇群为例

在数字艺术背景下，信息传播的媒介发生了翻天覆地的变化，这给古村落传统文化的保护与活化提供了更多可能。因此，本节以湖南省长沙段湘江古镇群为例，阐述在数字艺术的支持下，湖湘文化数字化的建设与发展。

长沙段湘江古镇群保留着许多原始生活遗迹，也传承了许多古老的生产生活习俗。它既对当地聚居区的文化有着积极影响，也与外界其他民族和文化产生了对话和交流，是当代民族民俗文化媒介生产及消费研究的典型案例，更是数字媒介发展下人类思维变革和社会文化变迁的生动呈现，具有理论和实践两方面的研究价值。

一、长沙段湘江古镇群介绍

（一）湘江古镇群概述

长沙段湘江古镇群位于长沙市域北部，望城区范围内。由靖港、乔口、新康、铜官、书堂等镇（乡、街道）组成。古镇群伴水而生、临水而建、依水而兴。

靖港古镇原名芦江，地处沩水入湘江口，为河湖冲积平原，地势平坦，芦苇丛生，故名。乔口古镇位于长沙市望城区，借良好的地理区位，现开发为一个集旅游、度假、娱乐为一体的休闲古镇。铜官古镇位于湖南省长沙市沿湘江下游东岸，陶瓷产业发达，文物古迹众多。新康乡古镇地处望城区西北部，东以湘江为界，南接乌山镇，西与格塘、宁乡相连，北靠靖港镇，戏曲文化是新康乡的文化特色。书堂山古镇地处湘江东岸，东与桥驿镇相邻，西与区政府隔江相望，南接丁字湾街道，北壤铜官镇、茶亭镇，辖区内有欧阳询文化公园大型文化公园。这些古镇相互之前的距离均在10公里之内，统称为湘江古镇群。“到靖港寻古、到乔口吃鱼、到铜官玩陶、到新康看戏、到书堂览书”，这些古镇在历史上曾盛极一时，近年来，通过挖掘整理、保护开发修复，这些文化遗存得以重生，逐步成为长沙独具特色的旅游名片。

古镇群位于湘江下游河段，河道蜿蜒曲折，两岸地形以低丘和平原为主，生态基础较好，山水资源丰富，形成了从北至南依次为宝雍山山脉、年佛寺山脉、九峰山山脉、黑麋峰山脉、镇子岭、云母山、太丰山、鱼头岭山、书堂山、麻潭山的“六山临江，四脉通江”的山脉基底，从北至南的团头湖、千龙湖、天井湖、小白湖、靖港湖、谭落湖、新康湖、斑马湖、张家湖、大泽湖的“外江内河，十水入湘”的水网格局，此外，湘江从北至南分布有洪州、蔡家洲、冯家洲、香炉洲共“四洲”。从整体上看，湘江古镇群呈现出的“山、水、洲、镇”的空间布局，与长沙市“山、水、洲、城”的空间格局十分类似，有异曲同工又不谋而合之意，同时也是湘江古镇群明显区别于中国其他古镇群的重要特色。

（二）信息化背景下湘江古镇群与现代数字艺术的关系

在5G互联网的背景下，传输速率、传输体量、传播范围都达到了空前的规模。数字艺术在5G时代的背景下，能够将视觉和交互完美地融合到一起，产生沉浸式的交互体验。因此，将数字艺术这种符合当代人们审美需求、体验需求的形式，应用于古村落活化，对湘江古镇群的振兴发展有着积极的推动作用。

数字艺术社会科学、自然科学和人文科学的综合性学科，是基于数字技术的艺术活动。艺术活动又是以视听审美为主导诉求的活动。在如今越来越多的信息和内容被数字化，艺术审美是其不能缺失的重要一环。在满足视听审美的基础上，赋予情景的实时交互，让人们通过互联网，足不出户就可获得身临其境的体验。这是数字艺术最为独特的魅力所在，也是其他形式无法实现的。数字艺术与湘江古镇群的融合，是科技与文化的融合。可以让人们不受跨越时间、空间的限制，自由地、真切地体验和感受湘江古镇群千百年的历史。挖掘当地文化基因，从人文、民俗、建筑、民间传说、非物质文化遗产中提取典型元素，利用数字化技术，全方位地展现地域特色、地域风貌，让历史和今天连接。再利用5G技术在互联网上呈现出来，实现高速的传输和广泛的传播。

随着GIS（Geographic Information System，即地理信息系统）、三维可视化、虚拟现实、3D互联网等技术的不断发展和深入，人们不但可以利用计算机去处理图形、图像、视频、声音、动画等，而且能将三维实体、三维环境等以虚拟现实的形式表现出来，产生交互式的三维动画、动态仿真。5G时代的到来，解决了数据传输的速度问题，数字艺术与古村古镇活化可以融合得更加紧密，在原有沉浸式体验的基础上，植入虚拟交互技术，让数字艺术从单向的感官体验，向双向的交互体验升级。

二、湘江古镇群文化保护现状及对策

（一）现状和问题

1. 保护模式单一，作用成效较低

湘江古镇群文化遗产保护主要借助旅游展开，其主要方式有节庆活动、场景展演、参观体验等。

湘江古镇公共建筑颇多，包括书院、寺庙、纪念馆、宗祠、展览馆和剧院等建筑。公共建筑屋顶以庑殿顶、双坡顶为主，功能以教育、纪念及展示为主。湘江古镇现存民居建筑多为明清建筑风格，用于商业居住两用，其建筑既有江南园林建筑共同特点，又有湘江本土特色。如靖港古镇建筑具有“亦商亦居”的功能，这决定了古镇上建筑功能的复合性。建筑形制基本统一，临街建筑与街道相邻的空间为敞口厅（图 6-1-1），大多数屋主将其作为店铺展开经营活动，中部是作坊或者卧室，厢房后布置厨房，一些房屋带有后院。

图 6-1-1　敞口厅

建筑物的色彩很大程度是材料自身色彩倾向带来的。古镇建筑材料就地取材，大量使用了土砖、青砖、木材。建筑结构多为木结构或砖木结构，大量运用风火墙、挂落、木楼、石雕等传统民居装饰元素。这些元素使建筑体现了湘江地域文化，例如铜官窑建筑上的陶瓷，体现了铜官的陶艺文化，新康乡建筑上的脸谱浮雕，体现了新康的戏曲文化，乔口镇的鱼雕，体现了乔口的渔都历史。

湘江古镇群非物质文化遗产资源与其所处的周边旅游资源缺乏有效、统一的规划整合，游客主要集中在古村的景观和美食等旅游资源上，非物质文化遗产资源与周边旅游资源相互促进的协同作用不明显。这样简单粗糙的保护模式不仅不能挖掘出湘江古镇群厚重的文化价值，还不能保持持续吸引游客的能力，对古村落活化保护所起到的积极意义相对有限。

2. 传承人条件有限，失传成为普遍现象

古村落文化遗产传承的决定因素在于传承人自身。在当前全国经济高速发展的背景下，面对互联网时尚文化、新兴文化的冲击，文化遗产传承人面临巨大的生存压力。文化遗产传承人以高龄人群为主，由于对互联网经济时代的了解有限、敏锐度有限，很难发觉经济效益。加上各种新兴文化、事物铺天盖地地宣传，传统文化遗产的生存空间更加狭小。传统文化传承人大多又缺乏经济、商业思维，无法从中获取必要的生存来源，这就导致了整个文化遗产传承困难，失传严重的现状。

在当前时代背景下，文化遗产的活化与保护不能故步自封，应该顺应时代发展，借助当下趋势进行发展。

3. 违背原真性原则，宣传力度不足

非物质文化遗产吸引外部人群、影响其价值认知的重要途径是依靠其独特的地域性。湘江古镇群文化遗产在保护、挖掘过程中，由于对文化内涵的理解不准，时常出现文化失真的现象。以湘江古镇群中的铜官古镇为例，古镇的开发和宣传主要集中在古镇的建筑外形上，结合了一些收费的儿童游乐项目、现代化科技体验项目，由此给大众和游客的定位不准确。古镇的核心优势应该在于纯正的古文化，围绕古文化，才有了古建筑，而不仅仅只是局限于开发一个古代风格的小镇而已。没有长沙铜官窑烧窑技术、古代海上丝绸之路等文化内涵的铜官古镇，是缺乏推广意义和地域性特色的。

尤其在5G时代背景下，随着数字化、体验经济成为一种潮流，湘江古镇群的宣传工作没有很好地利用数字化、新媒体等方式进行活态传承和保护。

（二）应对策略

1. 分类和识别文化景观基因

（1）文化景观基因的分类

从传统聚落景观特征解构的角度来看，可以分为建筑、文化、环境与布局；根据空间尺度，可以分为民居、街区、单一聚落、地方聚落、区域聚落、群系聚落；根据基因所包含的文化内涵，可以分为单一要素与复合要素；根据基因的表达与描述方式，可以分为符号、图形、文本；根据聚落单体的空间形态特征的表达方式，可以分为二维平面、三维正立面和三维侧立面；根据提取过程中的难易程度，可以分为直接提取基因和间接提取基因。由此可建立长沙段湘江古镇群文化景观基因的分类标准（表 6-1-1）。

表 6-1-1　长沙段湘江古镇群文化景观基因的分类标准

序号	分类标准	分类结果	说明	举例
1	重要性与成分	主体基因	聚落景观最显著的属性特征	铜官窑唐朝彩瓷
		附着基因	必须依附于主体基因而存在	陶瓷制品
		混合基因	成分复杂，内容丰富	从善育婴堂
		变异基因	原景观派生但又不完全游离原形态	重檐庑殿顶
2	外在表现形式	显性基因	具有物质形态	四合院、天井
		隐性基因	不具有物质形态	祭窑神
3	特征解构	建筑基因	民居特征与主体性公共建筑	杨泗庙
		文化基因	图腾、宗教文化信仰与生活习俗	鱼头
		环境基因	自然环境的基本特征	依山傍水
		布局基因	传统文化中的选址布局思想	负阴抱阳
4	空间分析尺度	民居基因	单一民居的建筑物特征	靖港的宏泰坊
		街区基因	聚落中的街区的形态、构景手法等特征	铜官古街
		单一聚落基因	聚落单体的景观特征	靖港八街四巷七码头
		地方聚落基因	地方聚落的基本空间特征	湘东古村落
		区域聚落基因	地区性聚落的基本空间特征	江南古村落
		群系聚落基因	跨地区且具有文化特征联系的聚落特征	明清古村落
5	文化内涵	单一要素基因	表达单个文化元素的空间特征	宗教信仰
		复合要素基因	表达多重复合要素的空间特征	诗意的栖居理念
6	聚落单体形态特征	二维平面基因	聚落的二维平面形态特征	天井、巷道
		三维正立面基因	聚落的三维空间结构特征	砖木结构
		三维侧立面基因	聚落的三维侧面结构特征	风火墙

续表

序号	分类标准	分类结果	说明	举例
7	表达与描述方式	符号基因	用简单符号即可描述的特征	简单饰物、图形
		图形基因	用较为复杂的符号图形表达的特征	鱼图案
		文本基因	只能直接用文本描述的特征	神话传说
8	提取难易程度	直接提取基因	可直接进行识别的文化特征	图腾符号与图案
		间接提取基因	需通过调查或走访等才能获取的特征	传说、神话、山歌

在此基础上，长沙段湘江古镇群文化景观基因要素特征数据库的构建，主要采用面向对象的景观基因分类模式（Object-Oriented Classification Pattern for Landscape’s Genes，OOC-PLG）。首先分析传统聚落的属性特征，然后根据各属性之间的差异建立类别标准，在此基础上细化为具体的指标体系。OOC-PLG具有可操作性强、思路清晰、易于结合 GIS 实现流程化识别的特点。

（2）文化景观基因的识别

①识别要求。传统聚落蕴含着丰富的制度、环境和艺术文化，但它们都有着各自的载体。不同文化载体所承载的信息与内涵是不同的。景观基因的识别就是从不同的载体中分析、发现或描述这些文化因子，并且保证它们能正确、完整地反映传统聚落景观的文化特征。景观基因提取的目的在于寻找传统聚落中具有标志性意义或代表性特征的文化因子，实现聚落景观特征的深层次解读，充分解读传统聚落的各文化因子在地理空间中的存在方式、分布规律与内在联系。如：铜官老街在唐代已基本形成，老街沿湘江而建，是方圆 20 公里的经济、文化中心，也是人民群众生活物资的集散地；现在铜官老街仍在，经历新中国成立后的公私合营和街市建设，铜官老街古时的风貌有所改变，但寺庙的遗址还在，部分铺面和木楼建筑有一定保存。②识别方法。理论上，传统聚落中的任何要素或者特征因子都可以被识别为景观基因。这实际上给景观基因的具体识别带来了很大的困难。因此，景观基因的识别应该提倡四个基本原则，即“内在唯一性、外在唯一性、局部唯一性、总体优势性”。同时，采用特征解构提取法，通过面向对象的方法对传统聚落的景观特征进行类别划分，建立较为详细的景观基因识别指标要素，然后按照“类别相近则合并”的原则将各要素的识别结果进行合并，最后将识别结果归类为环境特征基因、建筑特征基因、文化特征基因与布局特征基因。该方法结合 OOC-PLG 分类模式，充分吸取了元素提取法、图案提取法、结构提取法

和含义提取法的优点；因为基因被细化为多项具体的、具有可识别性和可操作性的指标，故能有效地避免前述方法的不足，并可结合已有 GIS 软件平台建立景观基因数据库，运用面向对象的分析方法描述景观基因的特征。

2. 构建数据库

通过对长沙段湘江古镇群文化景观基因的知识研究，确定文化景观基因要素特征数据库主要包括环境基因库、建筑基因库、文化基因库三部分（图 6–1–2）。文化景观基因要素特征数据库包含基因元素的属性、描述和存储信息。

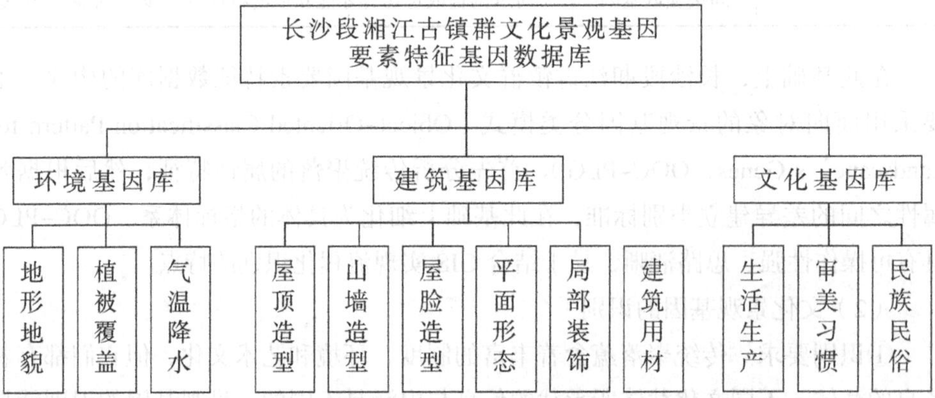

图 6–1–2　长沙段湘江古镇群文化景观基因要素特征数据库架构

环境基因库：为湘江古镇群的数字化重建与活化提供生态环境参考，也为虚拟旅游产品的优化设计提供图形数据支持。

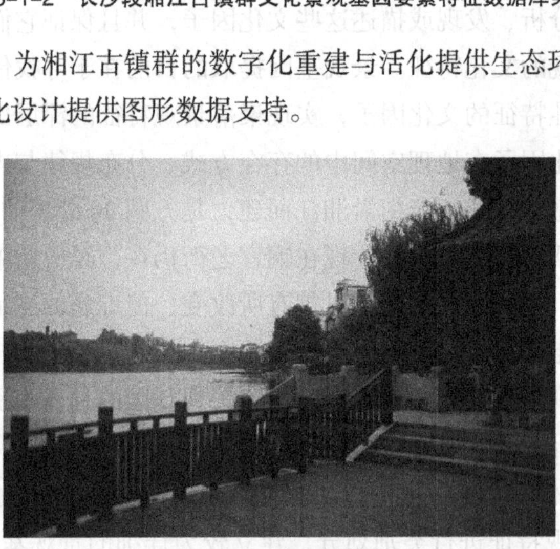

图 6–1–3　湘江古镇一角

建筑基因库：为湘江古镇群的数字化重建与活化提供直接的建筑、布局信息，也为虚拟旅游产品的优化设计提供实体数据支持。

图 6-1-4 皈心堂

文化基因库：为湘江古镇群的数字化重建与活化提供内涵文化参考，也为虚拟旅游产品的优化设计提供体验数据支持。

3. 规划体系围绕文化，保护方式围绕活化

以湘江古镇群为例，我们可以采取以下四种方式进行规划和活化。

（1）文创产品开发

文创产品是当前旅游业内市场价值较高的产业。因此，深入挖掘古村落的文化遗产内涵、地域文化特色，将其融合设计成文创产品，能够扩大文化的传播范围和传播力度。产生了经济效益，就会有更多的人愿意投身文化遗产保护事业。

文创产品作为古村落旅游传播和推广的重要组成部分，其呈现形式多样、传播途径广泛，能够很好地与互联网、短视频结合。用新兴的形式活化保护传统文化，既满足当代人时尚前沿的心理需求，又满足传统文化活化保护的战略需求。

目前而言，大多文创产品的设计形式单一，内容空洞，其根本原因在于缺乏对地域性特色、当地文化特色、民族特色和历史背景的研究。因此，所设计的文创产品缺乏代表性，市场认可度也就较低。

文创产品作为知识经济时代的新兴产物，需要充分挖掘当地文化基因，地域文化特色优势，塑造独具特色的文化符号，才能使文创产品具有知名度和影响力，才能产生市场价值，从而为文化遗产活化保护提供更大的发展空间。

文化遗产的活化保护要取得更大的发展，文创产品的设计与开发就必须具有特征及地域文化特色。充分发挥文创产品自身的意义和价值。

（2）建立古村落数据库

建立古村落数据库的保护模式，以其有形性弥补了非物质文化遗产的无形性。

它以自身专业的技术可以最大限度地保留非物质文化遗产的遗存，为后人的查阅、科考、调研、传承提供材料和数据支持。

整体而言，建立湘江古镇群非物质文化遗产数据库，不仅增加了一个了解当地文化、认识当地居民的方式，更可以全面了解湘江古镇群活化保护的情况。利用互联网以文化基因图谱、文字、照片、影音等形式（如图 6-1-5），将地域特色、历史文化等信息，真实地留存和展现出来，为大众了解文化提供了一个便捷的途径，同时也为文化活化保护提供了数据基础。

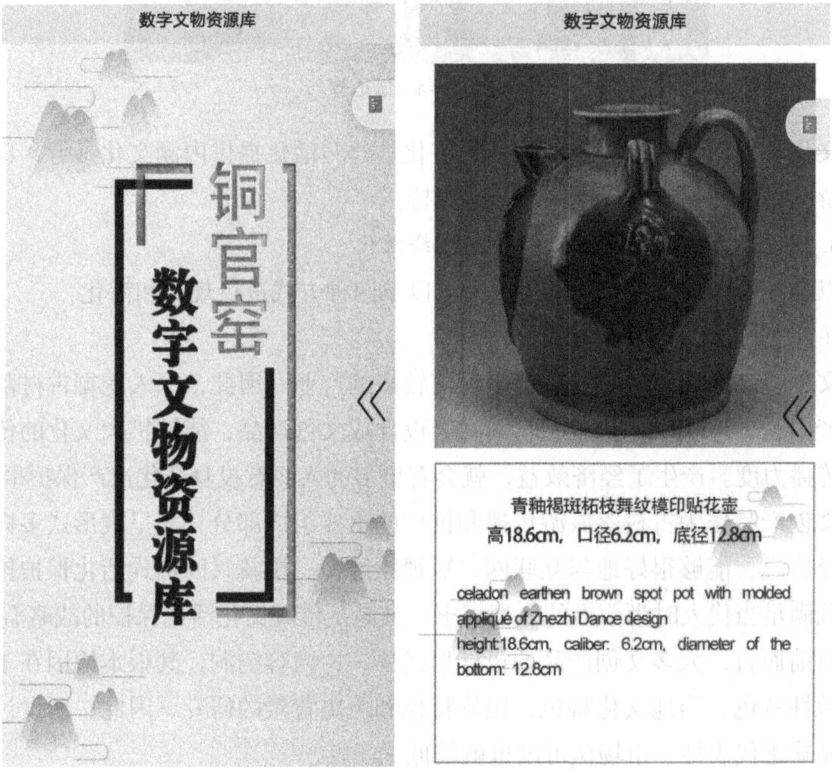

图 6-1-5　铜官窑数字文物资源库（截图）

在古村落数据库建设过程中，要注意原真性。通过对当地历史文化的研究，分析其精神层面和物质层面的特点，围绕这两大方面建立真实的数据内容。数据库的资源一方面要遵循全面、准确、真实的基本原则，另一方面还要兼顾用户的体验感、便捷度，让大众愿意并乐于使用数据库，对古村落进行了解。只有这样，才真正有利于古村落的活化保护。

4. 挖掘传统技艺精髓，加大保护力度

以铜官古镇为例，铜官陶瓷产业历史悠久，具有深厚的文化内涵。早在殷商之前，舜帝就带领先民在湘江一带开始了制陶业。唐代时期，长沙铜官窑陶瓷技艺逐渐成熟，陶瓷发展迅速，并通过海上丝绸之路销往全球各地。

铜官窑的陶瓷当时能够被全球各地人民青睐，又被列入“国家级非物质文化遗产名录”，其制陶技术非常具有保护传承价值。

利用数字影像、数字动画、数字交互等形式，记录和重现传统技艺，是保护和传承历史文化、非遗文化的重要手段之一。数字资源不仅能够更好地保存，防止传统文化的丢失和传统技艺的失传，还能通过互联网快速地传播和推广，有利于文化财富的代代相传，从而激发更多的人关注传统文化事业，推动传统文化活化保护事业的发展。

5. 真实呈现传统文化，加大推广宣传力度

传统文化的魅力在于对历史的真实反映。过度的修饰和开发容易造成文化的缺失。保护传统文化的重要原则，就是历史文化的真实性。

传统文化留给大多数人的是“古老”“刻板”“陈旧”等印象，这也是当代人对传统文化兴趣不高的原因之一。因此，在活化和保护古村落传统文化的过程中，既要考虑历史文化的真实性呈现，又要考虑大众的接受需求，同时还要考虑经济效益和传承效果。在不损害后代利益、不破坏保护对象的前提下，进行深入研究、科学论证。

传统文化的传播，也可以借助当下流行的短视频方式进行推广。将传统文化结合当地地域特色，制作一系列垂直领域的短视频。短视频的呈现可以是数字动画、纪录片、情景剧等多种大众乐于接受的形式，让传统文化通过有趣的方式传播给大众。再根据视频播放数据，全面分析研究，进而进行内容、文案、时长的调整。借助短视频传播速度快、传播范围广的优势，推动传统文化的活化保护。对引起大众对传统文化的关注和当地经济的发展，都能起到积极的推动作用。

三、数字艺术背景下湘江古镇群活化与保护的新思考

（一）建立湘江古镇群数字博物馆

在数字艺术背景下，在日益发达的信息技术的支持下，我们在保护与活化传统村落的过程中不能囿于传统，不能拘泥于固有的方法和形式，要打开思维，积极吸收和学习现代技术，让数字艺术为古村落保护发挥更大的作用。湘江古镇群

是湖湘历史文化的一张名片，我们可以充分利用数字技术，建立湘江古镇群虚拟博物馆，让湖湘古村落真正走进大众的视野。

传统村落数字博物馆是依托于湘江古镇群虚拟旅游数据库，采用计算机和网络技术进行构建，推动湘江古镇群传统村落文化的展示与传播。数字传播平台较传统展示平台具有不受时空限制，存储数字化、获取网络化、资源共享化、展示多样化、管理计算机化等特点。下面以湘江古镇群数字博物馆为例来探析湘江古镇群传统村落数字博物馆的建设及传播策略。

湘江古镇群数字博物馆作为新时期公众接受文博教育、享受博物馆公益服务的重要途径，具有传承与保护湘江古镇群、宣传地域文化等功能。湘江古镇群数字博物馆作为重要的信息传播媒介，终极目的就是让受众认可、接受、理解其传播的信息内容，这就需要制定有效的传播策略。

（1）将湘江古镇群数字博物馆信息有效整合，使碎片化信息全面系统。数字博物馆作为受众获取信息的重要媒介，优于传统博物馆展示方式单一、信息介绍局限的情况，通过链接等形式可以丰富全面地展示文化信息。这种以每一文化展品为中心，充分整合文化信息的思路可以将湘江古镇群传统村落的各种文化现象联系为一个有机整体，方便受众宏观、全面获取信息。

（2）图文趣味性展示，吸引受众注意力。图文客观表述虽然延续了实体博物馆陈列展示的特征，但是在注意力有限的网络传播空间中，应该针对大众制作趣味性强的图文信息，运用大众喜闻乐见的叙事性语言，抓住受众有限的注意力，而严谨冗长的文献性图文信息可以用链接形式，让有需要的受众选择性使用。

（3）增强数字博物馆的交互性，增强受众的主动参与性。这里的交互性首先是受众与数字博物馆陈列内容的参与互动，其次是受众与湘江古镇群传统村落数字博物馆工作人员的互动，另外，还有受众之间的互动，增强受众互动积极性，让湘江古镇群传统村落文化得到更好地传播。

（二）讲好湘江古镇群数字故事

1. 数字故事概述

孩童时代，故事是引人入胜的，不管是讲故事者虚构的故事，还是一个民间传说的故事，都可以让儿童痴迷和期盼。很多非物质文化遗产就是通过讲述故事、记录故事的形式，一代一代传承至今的。

与传统的口述或印刷故事不同，数字故事得益于信息技术的发展，是最近几年才开始流行的故事讲述新方式。它通常利用 PowerPoint 平台，借助文字、图像、视频、音频等多媒体元素，围绕一个主题开展故事设计和呈现。在数字故事设计过程中，需要搜集和制作相应的多媒体素材，包括文本、音乐、解说、视频和动画等，通过“故事”这个核心要素，将这些多媒体素材进行有效的整合。除了单机播放，数字故事也可以借助互联网平台在更大的范围内进行呈现和传播。

对于文化遗产数字化和教育传承，经过精心设计的数字故事可以将一个历史遗迹或一个历史传说借助文本、图像、音视频等多媒体手段，数字化地呈现出来，达到引人入胜的效果。用户在观赏数字故事的过程中，了解和学习故事的主题、背景和内容，提升学习文化遗产相关知识的积极性，从而宣传和保护历史文化遗产。数字故事是故事性、艺术性、技术性和创新性的完整结合，包括故事编写、脚本设计、故事板设计、素材资源准备、编辑合成、展示与共享等多个阶段。文化遗产之中不乏感人的传说，通过数字故事设计，既能激发人们灵魂深处的感情，启发人们的深入思考，还能有助于传承文化遗产。

2. 湘江古镇群文化遗产的数字化设计

每一项文化遗产往往蕴含着深刻的历史背景，如江南古镇的形成和发展；或者有着催人泪下的历史传说，如“梁山伯与祝英台”的爱情传说。将数字故事用于这些文化遗产的数字化和教育传承，可以达到意想不到的效果。而对于湘江古镇群来说，有着更多值得发掘的传说和故事，比如黑石号；抗战时期当地人民的抗争事迹；湘江古镇群居民的原始宗教信仰；湘江古镇群建筑、饮食、服饰所包含的寓意等。在数字故事制作对象的选取上，可以借助文化遗产自身所蕴藏的文化底蕴或者历史传说。

而在数字故事制作技术上，常用的数字故事制作平台是以 PowerPoint 为代表的幻灯片制作工具，它们有一个共同的特点，就是入门容易，对用户的技术要求低。中老年文化遗产传承人制作者制作数字故事，年轻人或者儿童通过观看数字故事学习文化遗产知识，数字故事在文化遗产传承者和学习者之间架起了有效沟通的桥梁，有效促进了文化遗产的保护和传承。此外，在教育教学的使用方面，文化遗产数字故事方便和课程结合，在语文教学、科学教学、综合实践等课程的教学过程中，都可作为教学资源加以使用。和教育游戏的寓教于乐一样，数字故事可以将教学目标融入故事之中，在人们被故事情节感化的过程中，引导人们对故事对象和内容的深入思考。对于文化遗产，数字故事则可以激发人们对它的起源、发展、危机以及保护的思考。

四、湘江古镇群活化保护过程中需要预防的问题

（一）好高骛远，浪费财力物力

在古村落开发与保护过程中，有一些村落一味追求自身的经济效益，忽视了对村落文化体系的保护与传承，加剧了商业开发对村落格局的破坏程度，进而造成古村落珍贵文化的遗失，以及社会资金的浪费。

（二）不能兼顾提高村落居民生活水平和文化保护

随着现代化进程的推进，城镇生活越来越便捷，人民生活水平显著提升，所以越来越多的农村年轻人开始拥入城市，导致农村闲置房屋变多，乡土建筑出现“空巢化”和“老龄化”等问题。而且，农村人拥向城市是为了追求更多经济收入，渴望在城市买房、定居，因此，古村落在活化保护的道路上，不仅面临乡土建筑保护的难题，还面临着精神文化传承的问题。于是，不能兼顾提高村落居民生活水平和村落文化保护这一矛盾就被凸显出来。

（三）不能保证村民产权和利益

在古村落开发保护过程中，村民的利益要占据主导地位。但产权关系在现今一些村落却不明晰，有些掌握在村民手中，有些在政府手中。如果不能妥善解决和明晰产权问题和一些制度问题，对村落的运营管理以及利益分配上将会出现不合理现象，成为阻碍村落保护和发展的绊脚石。

（四）村落保护过程中“文化”与“空间”相脱离

1. 保护规划与文化研究相脱节

我国传统村落文化研究起步较晚，保护经验存在一定的不足，这体现在保护策略的单一性上。针对传统村落文化的研究主要集中在人文学科及相关学科领域，村落保护策略的制定并没有完全参与到实际工作中，造成了文化研究独立于保护规划之外，出现了“文化”与“空间”保护相互脱离的情况。由于保护过程中缺乏对文化的研究，导致了传统文化空间的保护停滞在实体空间的层面，很难深入文化层面，正是因为这种空间到空间的单一性保护方式，专业人员很难将村落实体空间与非物质文化进行融合，从而导致“文化”与“空间”脱离。

2. 寻找“文化”与“空间”保护策略的契合点

欧洲国家在村落和城镇的保护开发过程中采用“场所”作为契合点，对实体空间和非物质空间进行融合，从而形成与城市区域共生的方式，对历史遗产进行

区域性整体保护，配合旅游管理对场所在物质和精神上进行保护。目前国内传统村落保护策略呈现“空间”与“文化”保护相分离的情况，大量村落在保护过程中因不确定性对“重要场所”造成破坏，在开发过程中因开发方式的不规范和杂乱造成“传统文化”的丢失，加之旅游开发的热潮，导致传统村落逐渐褪色甚至消失。总之，现今的保护策略基本都在关注实体空间的保护，而村落自身所具备的文化特性很容易被忽视。对于我国现阶段村落保护中“空间”与“文化”相分离的问题，急需寻求“精神”与“物质”之间的契合点，以此契合点融合文化与空间的保护问题。所以，我们应该对传统村落的自然环境、人文环境和空间进行调研，阐述精神空间和物质空间结合的关键问题，引导潮流，保护策略制定，延续村落历史文脉，使保护策略深入空间与文化之中，使历史资源得以保存。

第二节　以井陉县大梁江村为例

一、大梁江村概况

（一）走进井陉县大梁江村

大梁江村位于八百里太行山深处，刚好在晋冀交界处，西边就是山西阳泉市。村子四面环山，犹如山间盆地。因地处太行山腹地，大梁江自古就远离兵匪祸患。在历史上，大梁江村属于山西太原的地理范畴，所以大梁江村保留了一部分山西的风俗特点。后来到 1959 年，大梁江村被划归为河北省的井陉县。

图 6-2-1　大梁江村一角

村子原名甘桃村，盖因村边低处有沟，两侧山坡草木繁盛，尤以桃树居多，村名由此而来。明代有山西平定梁氏家族迁居于此。此家族多行皮货贸易，家族日渐兴旺，后改村名“大梁家”。至于后来又统一称为“大梁江”，有两说：其一，此地缺水，遂易名带“江”字，讨吉意；另一说，清光绪三年（1877 年），山洪暴发，犹如江水激荡，冲毁了农田，村名改为“大梁江”村。

梁氏家族积累了财富，得建大院楼房，但这里的自然条件不像祖籍地山西，没黄土，弄不到那么多青砖。好在满山遍野的石头，于是开始砌石为屋。经过多代族人的建设，终于成就了一处显赫的石头村。梁家弟子多年在京城做生意，回到家乡建房，不少院落兼有北京四合院和山西民居的双重特色。

作为一个隐藏在山区的古村落，以石头在建筑主元素的古风古貌犹存。石碾、石磨、卵石街，石鼓、石墩、石台阶，石墙、石柱、石砌院，石锁、石敢当，石砌排水洞贯穿整个村落。

图 6-2-2　石头建筑

图 6-2-3　两层楼房

房屋多为两层楼房，屋顶为灰瓦顶。院落以四合院最为典型，北面是正房，两侧为厢房，正房中间为客厅，两侧为长辈居住的卧室，南侧的房子背阴，多作为储藏室。宅院大门多开在院子的东南角，上有门楼，下有门洞，门外两侧是石雕门墩，以及拴马石、下马石。院落又具有山西民居的特点，外墙高，有很强的防御性；房屋都是单坡顶，雨水都向院子里流，也就是“肥水不外流”。

图 6-2-4　门洞

大梁江房屋的石材均选自当地，有的原石未动，有的錾迹斑斑。砌筑方法有干砌和浆砌两种。再辅以砖木，形成一座座四合院，院院相连。放眼望去，房舍依山势而延伸，屋脊鳞次栉比，层层叠叠，错落有致。

街巷大多是坡道，蜿蜒曲折。主街 3 条——上街、中街和下街，巷道若条，均以青石和卵石铺成。

图 6-2-5　卵石街道

大梁江的老房子以清代建筑为主，明代遗存应该也有。院落总数达160多座。见惯了山西各种大财主的大院，这里的院落只能算是平民居所，然而各不相同，富有变化和特色。这个村子特别适合热爱生活，喜欢感受不同家居环境者来慢慢细品。既有粗犷奔放的农家淳朴，也有精雕细刻的匠心之作。

图6-2-6 垂门

（二）大梁江村保护所面临的问题

1. 管理权责混乱，村民参与有限

（1）管理主体权责关系混乱

一般传统村落分属三个不同的保护管理体系——“文物保护单位”“历史文化名村”“传统村落”。由于管理依据不同，管理部门各异，管理内容交叉，不少传统村落既是“文物保护单位”，又是“历史文化名村”，也是“传统村落”，于是在实际管理工作中就出现了多头管理、职能交叉、顾此失彼的现象。住建部门、规划部门和文物部门在传统村落保护管理中存在职能交叉和缺位现象。一些传统村落既是“历史文化名村”，又是古建筑群型文物保护单位，根据《历史文化名城名镇名村保护条例》，需要对其按照“文物保护单位”制度进行管理，于是就

出现了这样一种现象：所有其核心保护范围内的建设活动，除了新建、扩建和拆建活动有规划管理部门参与，其他的建筑修缮活动均由文物行政部门负责，但是由于文物行政部门并不擅长对传统村落空间格局和传统风貌的整体管控，所以就造成了“以维修名义的拆建”破坏传统风貌的现象的出现。而“传统村落”保护管理中住建部门处于完全主导地位，管理内容侧重基础设施建设、传统建筑修缮和村落环境整治等，规划部门和文物部门在管理中基本上处于缺位的状态。

（2）村民参与保护层次较低

大梁江村的大部分村民已经形成了保护传统村落的文化自信和文化自觉，对居住的大梁江村有着一定的自豪感和归属感。而且绝大部分村民对传统建筑也已经有了较强的保护意识，认为传统建筑应当原封不动保存或局部改造，只有极少部分村民希望将传统建筑以拆旧建新的方式改善自己的居住条件。不仅如此，在对传统村落保护主体的认知中，村民在认同传统村落需要全社会共同保护的基础上，已经认为自己与政府都是其中最重要的保护主体之一。可以说，村民对于参与传统村落保护已经具备了一定的思想基础。

村民目前仍然缺乏参与保护的渠道和机会，很多传统村落保护的诸多环节，包括申报评定、规划编制和实施、保护项目申报和实施等，村民的参与都仅仅停留在“配合”这一参与层次上，并未真正参与决策和实施。村民并未在传统村落的遗产价值认知、保护与发展的决策、保护项目的申报和实施、利益相关者的利益分配等方面提出自己的看法、表达自己的诉求、发挥实际的作用等。目前大部分传统村落的这种“政府主导、村民配合”的“自上而下”的参与机制并未给村民提供参与的渠道和机会。

2. 周边管控松散，建筑保护不力

（1）周边环境管控相对松散

不论被列为古建筑群文物保护单位、历史文化名村还是传统村落，根据《历史文化名城名镇名村街区保护规划编制审批办法》《传统村落保护发展规划编制基本要求（试行）》等规范性文件，都需要在保护规划中将传统村落的周边环境划定不同的保护范围，如建设控制区、环境协调区，并提出相应的建设控制要求和保护措施。而《历史文化名城名镇名村保护条例》还进一步将历史文化名村的保护区划及其控制要求法定化，提出在其建设控制区内的新建建（构）筑物都应符合保护规划确定的建设控制要求。

但是在保护实践中，一些传统村落的周边环境却仍然遭到一定程度的破坏，甚至全线突破保护规划的建设控制要求，周边环境与传统村落形成一定的冲突。

如世界文化遗产宏村，其周边的旅游地产建设项目已经几乎将宏村的建设控制区用地开发殆尽，对宏村周边的山水格局和整体风貌造成了较大的影响。而在中国历史文化名村卢村，周边占地面积与卢村几乎相同的旅游地产建设项目选址在卢村建设控制区与环境协调区之间，其建设在与卢村仅200米之隔的风水山上，破坏了卢村原有的视觉轴线，极大地影响了卢村原有的山水格局和整体风貌。同样，大梁江村也要注意类似的现象。

（2）传统建筑保护面临困境

大梁江村的传统建筑数量很多，但是目前仅有少部分得到了较好的保护修缮，还有一些传统建筑处于无力修缮、任其倒塌的状态。传统建筑修缮所需的费用巨大，动辄几十万元，甚至上百万元，地方政府、村集体和村民都很难有经济能力进行修缮。而且这些传统建筑大部分并没有被列入法定的保护体系，如国家级或省级文物保护单位，甚至难以成为市县级文物保护单位，加上它们大多数为村民私有财产，各级政府所下拨的保护资金基本覆盖不到对这些传统建筑的保护。

而且一些私有传统建筑混乱的产权关系也极大地影响了其维护和修缮。私有传统建筑经历了家族几代人的传承之后，产权共有人数量激增，一幢古民居甚至被几十个人共有产权。与产权共有人数量激增相反的是，这些传统建筑时常出现空置甚至被废弃的现象，目前多为家族中的老年群体或弱势群体使用。这些传统建筑的实际使用人往往没有经济能力去进行传统建筑的日常维护和定期修缮。而且随着村民对传统建筑价值认识的提升，传统建筑的产权所有人既不愿意放弃本属于自己的产权，也没有能力去维护自己不完全拥有产权的传统建筑，这也变相增加了保护所需的交易成本，使传统建筑保护问题变得更为复杂。

3. 保护制度缺失，相关制度冲突

（1）传统村落专门法规缺失

目前国家层面与传统村落保护相关的法律法规主要是《文物保护法》和《历史文化名城名镇名村保护条例》，“文物保护单位”和“历史文化名村”之外的大部分传统村落及其传统建筑的保护并不在以上法律法规的保障范围内，目前国家层面仍没有传统村落保护的专门性法律法规出台，不能很好地约束和指导传统村落的保护管理工作。现阶段的传统村落保护管理主要是参照《历史文化名城名镇名村保护条例》，但是传统村落与历史文化名村并不是完全等同的概念，保护目标、保护范围和保护内容都不完全相同，所以对传统村落的保护管理缺乏针对性。而且地方层面法规的效力远远低于国家层面的法律，在实际的保护管理中的作用有限，可操作性缺失。

（2）保护资金制度不完善

长期以来，中央、省政府对传统村落保护下拨的保护资金主要针对被列为国家或省级文物保护单位、历史文化名村等已经在国家和省层面被列为法定保护的对象。直到2012年之后“中国传统村落”保护项目的启动，一大批传统村落在国家层面被列为行政保护的对象之后，才使得法定保护之外的传统村落获得了保护资金。但是目前，大梁江村的一些传统建筑的修缮资金极为缺乏，大部分村民都没有经济能力对其私有的传统建筑进行修缮，各级政府也没有财力修缮和维护大量的私有传统建筑。现有的保护资金制度对村民修缮私有传统建筑的补助非常有限，私有传统建筑修缮补助制度较为缺失。

二、大梁江村文化保护策略

（一）保护原则

1. 完整性原则

传统村落是一个有机整体，与其周边环境同在，脱离了村落的生存环境也就失去了保护的意义。传统村落是完整的生活空间，只有依靠村民对传统的认同与适应，才能保护完整的乡村聚落形态、特色的建筑群体及院落格局，延续乡村聚落的历史发展脉络，并注重保护历史风貌环境的完整性，严格保护古村落周边的自然环境，包括山体、河流、池塘和田园等乡村生态环境。

2. 可持续性原则

可持续性原则就是要维持村落的自然环境和文化生态，延续传统村落千百年来形成的生活方式、民俗民风、传统习俗等无形的文化遗产。村落中没有原住民，会使村落成为没有“灵魂”的空壳，没有本土文化、民俗活景，村落的文脉和灵魂必然会隔断。保护对象一旦被确定，就应该一直保护下去，没有时间的期限。要求人们认识到保护的长期性和连续性，注重经济发展的延续，让村民享受现代文明成果，正确处理古村保护与社会经济发展的关系，保护村落历史环境的真实性、完整性。在保护的前提下，应利用传统村落丰富的旅游资源和悠久的文化底蕴，积极发展旅游业，促进社会、经济、文化、环境的协调、持续发展。

3. 活态性原则

活态性原则要求在保护的过程中不能抹杀历史，不能用现代人的臆想去代替历史的原本面貌。作为生产生活的非物质文化，文化空间是历史的实录，是今天的现实和未来的预示，只有进行活态性发展，使之根植于村落的生活之中，才能使传统村落经久不衰、代代相传。

在新背景下，要求传统文化空间的保护必须坚持整体性，任何文化的缺失和破坏都会导致其消失。唯有对其进行完整的、整体的保护，才能使非物质文化遗产保护不至于流于形式。因此，村落文化遗产的保护必须是整体性保护，无论是物质还是非物质文化遗产，都是统一而不可分割的整体。传统村落文化空间就是非物质文化遗产，文化空间若没有得到保护，结果只能是“丢了西瓜，捡了芝麻”。

（二）保护措施

1. 物质文化遗产

大梁江村街道应尽量保持原始的石街石巷的路面形式，避免改造路面的工程，保持路面卫生清洁，及时清扫；对于沿街的建筑，保持建筑的外立面、色彩、材料等相统一；因建筑破损形成的空地，可以通过设计建设小型广场，广场上设置石椅石凳，周围搭配当地乡土树种的种植，营造村民以及游客休憩的空间。为了维护大梁江村的原有历史风貌，首先对村里的建筑年代、风貌进行分析，在此基础上，对建筑进行分类保护，针对古村落建筑的现状，充分考虑建筑保护与整治的可行性，对不同类型的建筑进行分类保护及整治。

2. 非物质文化遗产

大梁江村的非物质文化遗产有高跷、拉花、戏剧等，针对这些艺术形式，可以采取以下保护措施：

（1）挂牌标识，表明名称、内容、传承人等信息。

（2）建立村非物质文化遗产博物馆，将大梁江村的非物质文化遗产充分收集并展示。

（3）通过建立网站，将村落的自然风貌、历史、建筑街道等通过照片和文字的形式上传网络，进行宣传保护。

（4）通过专题新闻、广告等媒体手段宣传大梁江村的文化遗产，从而提高知名度和影响力，加强村民与游客的保护意识。

三、古村落保护中对文化空间的研究

古人过着“日出而作，日落而息，凿井而饮，耕田而食”的生活，最早对于空间的理解只是一种感知。随着社会的发展，空间的概念开始进入理性的认知阶段，逐渐形成的空间结构也成为社会关系中的重要组成部分。

（一）文化空间的特征

在规划中空间问题也备受关注，布鲁诺·赛维的《建筑空间论》中指出空间具有行为和几何特点。吉迪恩在《空间·时间·建筑》中对空间有独到见解，把空间内容提升到了人类认知中的感知层面。凯文·林奇从人的认识角度对空间进行分析。对于传统村落的整体空间而言，文化空间是一种相对稳定的存在空间，是人与周围环境相互作用的结果。

文化空间的特性表现为：

1. 自然属性

文化空间的自然属性决定了其必然是一个独立的具有物理、地理空间的文化场所。可以是具有特殊性质的场所，比如宗教场所、庙宇、教堂等场所；也可以是普通的场所，比如广场、集镇中心、街道等；甚至是不固定的场所，比如虽无固定的场所，但有固定的时间和随意的场所就可进行活动的场地。

2. 文化属性

传统村落文化空间应具备综合性、多样性、周期性、季节性、娱乐性等活动特性。大梁江村拥有很多民俗文化活动，文化空间具有宽泛的文化属性，整体性保护的理念对于文化空间的保护显得尤为重要。

（二）古村落文化空间的价值

什么是价值？美国的人类学家瑞菲尔德说："价值是一种或明确的或隐含的观念。这种观念制约着人类在生存实践中的一切选择、一切愿望及行为的方法和目标。"共同的价值观提供了人与人之间的文化认同，村民在生产生活中从依靠自然到实践创造，对自然的认知加入了自己的思想、观念、审美和风俗等，非物质文化遗产必须在其发展生存的环境中才能完整地展现自身的非物质性。传统村落文化空间的价值表现为：

1. 历史价值

文化空间作为历史载体反映出村落的经济与生活水平等内容，以及生产力与生产资料的供应水平。从地域文化背景下对文化空间的物质性，包括建筑、街巷、院落等来阐释其历史价值，涵盖了从过去到现在所创造的、经过一定时间能够见证其产生的时间点。非物质性层面又包括该历史时间内人们的生产生活方式、社会习惯习俗、观念价值及精神面貌等，这也是历史最核心、最基础的内容，包含了历史价值的方方面面。物质空间在时间和空间上所呈现出的物质特性和历史文献所记载的内容，两者互为补充、相互连接，才能使非物质文化遗产与传统文化空间更加真实，使保护工作更加全面地进行。

2. 文化价值

传统村落经历了沧桑的岁月，奠基了丰富的文化内涵，而文化空间作为原生文化的载体，在历史的推进中形成了与社会环境相适应的风俗信仰、民俗活动、风水人情及历史变迁。经过岁月的沉淀，传统村落的空间布局、地理环境、传统文化和生活习惯组成了村落文化空间的特色，真实地体现了当地历史文化脉络的演进。大梁江村的文化空间所承载的村落的文化具有无法取代的文化价值。

3. 艺术价值

传统村落的建筑艺术富有典型的地方艺术特色，其装饰手法来源于民族艺术和民间文化，内容包罗万象，韵味深长。传统村落在建筑艺术上具有独特的文化内涵和民俗特征，在创造实践过程中加入了人的理性思考，是艺术的见证和载体，代表了本地人对文化空间所传承文化的认同。其自身所具有的天然艺术特性使它的内容丰富多样，如在江西传统村落的道路空间，其结构形式与自然环境浑然天成，使不同的民俗文化活动进入其中都能融合在街道空间里，呈现出整个空间的艺术美感。大梁江村文化空间的独特艺术风格和审美价值是历史文化的记忆，反映了大梁江村人民在长期的社会实践和审美意识形成中的文化认同。

4. 实用价值

文化空间在特定的时间有特定的文化价值，主要以提供各种服务功能为主。比如街道空间本身是为生活出行服务的，但在特殊节庆日它不仅提供简单的通行服务，更是服务于民俗活动的物质空间载体，其对于非物质文化遗产保护具有传承与发展的重要作用。

5. 旅游价值

传统村落从布局、选址、装饰等无不体现着“和谐共生”的理念，构成了天、地、人和谐的整体，实现了人与环境的共生，为人类寻找精神家园提供了一种可能性。村落中院落、街巷、祠堂等可使游客体验原生态的生活，感受建筑技艺和博大精深的传统文化。村落整体成为旅游主体，游客在村落的古建筑、街巷、广场中进行食、住、行、游、购、娱等旅游活动，整个传统村落成为游客游览活动的物质载体。当地居民为游客提供导游、食宿、讲解等服务，村民本身也是旅游资源的组成部分，从而使村落的物质环境也发生了改变。

6. 科学价值

中国传统建筑既注重情感表达，又注重形式美的追求和创造，“文”与“质”并重，在表达象征含义时注重设计的科学性。传统文化空间是建立在产生、使用、发展的历史时间内，是建立在所处的历史阶段和技术发展水平阶段的衡量。在经济、地理、自然等因素的交错作用下形成别致有序的景观及空间结构。多数传统村落坐落于山清水秀之地，或随山就势层层递进，或临水而建自由伸展，建筑布局看似杂乱却极富规律，充满生活智慧。现今村落传统院落和活动空间渐次退出人们的视野，传统村落保留下的大量建筑成为历史的见证，保存了大量的实物史料，其文化和历史价值不言而喻。

（三）文化空间的保护对传统村落的影响

1. 通过文化空间保护促进传统村落发展

一方面在于保护的必要性。人类社会和文化是延续的，传统村落传承并承载着乡土文化，它们是人类多样性最具资格、最有品位、最具权威的阐述者，具有经济、历史、旅游和欣赏的价值，是全人类的财富。传统村落不仅是一个古建筑群，更是民族文化和历史的载体。罗哲文教授说："一个古城里的居民大多是由一个庞大的家族组成的，有创业始祖的记载和传说，有古老的遗训族规。且古村落先祖在村落选址、建筑与环境营造方面，运用古代堪舆学的理论，择吉而居、顺应自然、合理布局，创造了天人合一的境界。"传统村落文化空间的保护与一般文物的保护不同，因为村落是一个整体而不是单纯的个体文物。我国有几千年的农耕文明，中华文化的传承在村落中根基最深，覆盖面最广，保护村落文化遗产是保护中华文明传承的重要之举。保护村落文化空间是一个庞大的综合性系统工程，需要制定合理的规划引导村落的发展，注重文化与环境的和谐，使文化"活"在空间之中。

另一方面在于保护的紧迫性。如今，党中央作出了建设美丽乡村的伟大战略部署。建设美丽乡村是提高农业综合生产能力，建设现代化农业的重要举措。重点是在加强村镇建设和环境整治建设及发展农村各项社会事业。还应加强精神文明建设，使农村整体面貌出现较大改观，从而实现提高农民生活水平、缩小城乡与贫富差距、达到共同富裕的目标。作为中国现代化进程中的重要历史任务，美丽乡村建设的全面启动和建设高潮给农村地区带来翻天覆地的变化，也给文化遗产保护工作提出了新的挑战。随着美丽乡村建设的不断推进，我国农村的生存环境正在发生显著变化，如何保护抢救极其有限的传统村落及周边的环境也引起了社会普遍关注。由于保护开发利用不合理，有的遭到了破坏，有的年久失修，有的新旧相杂、不伦不类，有的因无人居住或产权问题正呈颓败之势。传统村落周边环境也随着经济发展而急剧变化，生存环境等问题不断恶化。因此，做好社会主义美丽乡村建设的传统村落保护工作已经迫在眉睫。传统村落保护过程中要吸取过去城市改造的经验教训，不能在农村建设中重蹈覆辙，因为传统村落是我们的文化记忆，是我们的根，保护传统村落成为新形势下各级政府和有关部门急切和不可推卸的历史责任。

2. 通过文化空间的保护加强对传统村落的保护

对于大梁江村来说，村落文化空间是其实物及精神载体，是一种独特而又脆弱的宝贵村落文化资源。一些传统村落在思想和现实上越来越远离古老的村落文化和传统，出现了一些不协调的因素，传统村落的建筑环境受到破坏，景观和传统村落原生态的文化被丢失，造成了千村一面的现象。我们在保护规划中，应该以更理性的态度做好村落保护工作，以保护为先导，并在此基础上适度合理地、有针对性地开发和利用，妥善谨慎地利用这一重要的历史资源。如何将大梁江村的风貌形态延续下去，更好地保护和利用村落成为一件长期且有重要意义的工作。在现代化历史进程中，具有历史文化底蕴的村落及建筑物是过去社会的一个断面。现今的大梁江村作为一种岌岌可危的历史文化空间遗存和历史文化资源，其建筑特色的保护和可持续发展对于古村建设以及在维系文化多样性，传承和发扬地域特色，宣扬地域文化上具有广泛的意义。传统村落保护也是美丽乡村建设进程中的代表，村落的保护和利用是在新形势下发展特色传统村落。提高当地政府和村民经济社会全面发展的重大战略举措是改变我国农村落后面貌的根本途径。通过合理的规划、适度的开发，村落旅游可为传统村落的可持续发展铺平道路。加强传统村落的保护与利用，在提升村落人居环境和村落社会文明的同时，还可改善村落生产环境，提高广大农民生活质量，使村落焕发社会活力。那也是改变村落传统的思维方式，提高村民保护意识和乡土文化对人的影响的重要举措。

作为一种富有地域特色的遗产类型，大梁江村的生成发展无法脱离其独特的环境。通过对部分传统村落历史沿革和现状等的分析，我们可归纳出文化空间的影响因素：

（1）社会环境对其产生的影响

首先是生产生活方式的演变，传统的生产方式已不能适应多样化的现代化生产方式，导致传统村落农业生产功能的变迁和农业景观的消失。其次，村落的经济因素是其发展的内在动力，经济落后导致村落环境破败。再次，村落的宗教信仰、宗族文化、风水礼仪和建筑文化等也是对传统村落文化空间产生影响的重要思想文化因素。最后，村落特色的传统文艺活动和传统民间手工艺包括传统风俗，都是影响文化空间保护的重要民俗文化。在对文化空间的保护进行分析的同时，应兼顾社会环境对文化空间的制约性和原真性影响。

（2）自然环境对文化空间产生的影响

通过深入分析，我们可总结出自然环境对文化空间保护的重要意义，保护规划中如何凸显自然环境特色，可对村落周边环境的保护做合理规划。

（3）人工环境对文化空间产生的影响

从整体环境格局来看，村落布局注重结合地形，突出反映了人文生态内涵，是人与自然和谐相处的典范。从院落空间和街巷空间两个角度对其建筑空间特色进行分析，并对村落中存在的重要历史建筑如祠堂、戏台、桥、石墙等进行考察，可总结出传统村落的文化空间特征。尽管大梁江村的村落文化空间的类型表现复杂多样，但是它们的构成却是所在地区自然环境、社会环境和人工环境综合影响的结果，其历史文化遗产对外部的影响反馈表现为相应的构成特征。在新背景下，文化空间的保护应注重完整性、活态性、原真性和可持续性。我们应着重解决文化和空间相脱离的问题，把握文化空间的保护对传统村落的意义和重要性。构成传统村落大环境的因素，对文化空间形成了专属保护导向，确立了保护工作的具体目标和方向。

四、基于体感技术的古村落文化遗产的活化

（一）何谓体感技术

2010 年上海世博会，当参观者站在摄像头前挥舞手臂，就可以和计算机进行拳击比赛，这种不需要鼠标和键盘就可以和计算机进行交互的游戏给参观者留下了深刻的印象，这就是体感游戏。它利用体感技术实现人和计算机之间的交互。随着微软、索尼、任天堂等国际知名游戏公司开发的体感游戏的不断推广，如今体感游戏不再神秘，开始进入千家万户。利用 Xbox 等游戏设备，我们只需挥动手臂，就可以和计算机进行虚拟乒乓球比赛。体感技术作为一种新的人机交互方式，通过识别人的身体姿势、手臂动作、运动趋势等来控制计算机应用程序的运行，与传统的基于鼠标和键盘的人机交互，更容易提起人们的兴趣，在体育培训、康复训练、模拟操作等方面具有很好的应用空间。

体感技术开发需要身体骨架识别工具包，这些工具包封装了复杂的计算机视觉算法，开发人员通过接口获取正与计算机进行交互的玩家的抽象骨骼，从而控制计算机应用程序。当前体感技术开发的工具包主要有两套，分别是微软公司的 Kinect SDK 和 PrimeSense 公司的 OpenNI+NITE。微软的 Kinect SDK 优点在于全身骨骼定位非常精准，并且比 OpenNI+NITE 多出手部和脚部以及脊柱的定位

点，但是只能在 Windows 平台上使用，并且商业应用要使用其配套的 Kinect for Windows 体感设备，价格较高。PrimeSense 公司的 OpenNI+NITE 优点是使用限制较小，只要体感设备中使用的是 PrimeSense 公司的芯片即可。它的另一个优点就是可以跨平台开发使用，可以在 Linux、Android 上进行开发和使用。

如 HTML5 体感捕鱼达人游戏类似于平板电脑里的捕鱼达人游戏，游戏中各种鱼来回游动，玩家使用屏幕下方的大炮发射炮弹捕鱼。有不同威力的炮弹可以选择，打中不同的鱼奖赏不同。但不同的是，平板电脑游戏需要玩家点击屏幕发射炮弹，而体感捕鱼达人中玩家只需向某一方向挥动手，游戏就会向这一方向发射炮弹。游戏需要使用专门的浏览器，该浏览器需要使用微软 Kinect SDK 来获取数据，浏览器中的 JavaScript 代码可以通过调用函数的方式获取深度图像、彩色图像以及骨骼数据。

体感飞机大战游戏是控制飞机消灭敌机的闯关游戏，可以用键盘操作，也可以用体感操控，左手控制飞机的位置，右手控制发射导弹。该游戏也是用 HTML5 编写，程序首先获取骨骼数据，然后控制飞机。

（二）体感技术与古村落文化遗产数字化

作为未来人机交互方式发展方向的体感技术，在古村落文化遗产数字化传承方面，也有它的优势和价值。2011 年 5 月，微软亚洲研究院启动“微软校园精英计划”Kinect Pioneer 项目，在全国范围内动员微软学生技术俱乐部的同学集思广益，提交他们基于 Kinect 的新创意。在“基于 Kinect 的穿越体验”项目中，学生关注中国历史文化，借助体感技术和 3D 建模技术，营造一种身临其境的“穿越”体验。该项目的目标是用户可以利用 Kinect 实现古代城市的交互建造、虚拟人物古装城市漫游等，在娱乐的同时领略不同朝代的建筑和服饰文化。

在文化遗产数字化方面，体感技术和建模、数字图像等技术相结合，可以构建文化遗产的交互系统模型，可以提取文化遗产的核心，构建文化遗产的数字化模型，供使用者浏览和练习，特别适合操作实践性强的文化遗产。

对于大梁江村建筑文化遗产，就可以利用体感技术构建用于教育传承的体感游戏或训练系统，用户通过身体姿势或手势，了解、学习大梁江村建筑特色，学习其中蕴含的珍贵文化遗产。

在文化遗产教育传承方面，体感技术和沉浸式虚拟现实技术相结合，可以构造大型沉浸式虚拟现实系统，让用户扮演历史角色，然后融入三维虚拟的历史场景，让用户实现历史“穿越”，变身成为几百年前古代社会中的一员，“亲身感受”文化遗产起源时代的社会生活，从而促进用户深入学习和理解文化遗产的内涵。

五、基于 3D 技术的古村落民居保护与修缮

（一）传统测绘

将传统民居实物通过测绘转化为抽象的数字，再利用绘图技术建立起二维平面，这一工作过程本质上说就是获取传统民居建筑信息的数字化过程。

人工测绘数据的后期处理工作的难度不大，主要是将测绘所得的数据先转化为 CAD 二维线稿，再对平立剖面的线稿进行拼合校对，在拼合校对过程中检查测绘中可能存在的工作疏漏。此种方法的优势在于可操作性强，易于发现错误，且可以及时补测，补测的成本较低。弊端则在于对于长、宽、高或者房屋大构件与房屋之间关系的错误不易于纠正，对于如瓦当、房脊曲度、檩条弧度这类数据不易处理与精确表达。

在对大梁江村重要民居建筑进行测绘的过程中，因为山地地形限制，部分测绘必须借助高梯才可以实现。在极难测绘的地点，为了保证人员和民居的安全，需通过估测获得误差较大的测绘结果。

（二）三维模型制作

古村落中存在部分保存状况较差亟待修复的传统民居，对于此类民居而言，其已经或正在受到较为严重的破坏，对其进行精度过高的数字化三维模型制作并无意义，保护工作的重点在于尽快停止破坏，修复损伤。针对此类民居，以测绘数据为基础拟定修复工程做法，快速制作修复模型，推敲修复方案，协调修复预期效果，是较为合理的工作方法。

SketchUp 区别于一般三维建模软件的重要之处在于，它简化了不必要的精细构件制作功能，将系统资源强化在了大组件的推敲速度上。这一特性极大地提高了工作效率，非常适合承担协调修复方案的任务，引入到传统民居修复工作中。SketchUp 被称为模型制作与设计的铅笔，进行修复方案设计甚至不需要整套 CAD 图纸，完全可以针对具体民居，在现场边沟通边设计。它的这一特性已经具有一定的虚拟现实功能，作为三维可视化模型平台 SketchUp 虽然不是虚拟现实软件，但已经渗透了虚拟现实的开发理念，与虚拟现实之间的软件接口也非常便捷，可以顺利导入虚拟现实平台应用，非常便于前期成果在古村落全面数字化建立虚拟现实场景时再利用。

在选取某一院落后，首先，结合现场照片和测绘图纸，建立起院落及建筑的素体模型，在此过程中，需要将测绘形成的 CAD 文件导入 SketchUp，并在制作

模型的过程中反复校对CAD测绘文件。制作完成后，还要根据现场照片对模型进行对比，修正错误。

其次，根据现场照片，为已做好的素体模型添加材质，修改房屋构件，使模型朝向预想的整治效果表现。需要做到院落的整体关系准确，房屋结构的表现无误，材质对比效果合格。

最后，以添加材质的模型为基础，可以通过调整材质、修改构建、替换门窗、增添设施等来推敲院落的具体整治方案。SketchUp具有实时表现的特性，可以及时反馈调整后的效果。利用这一特性，可以在现场充分沟通协调的基础上，形成最终方案。为了使整治方案更易操作，除在平立剖面标注以外，还可以将制作好的模型拆解，分多个角度说明整治做法，表现整治效果。

以SketchUp为平台建立传统民居二维模型具有速度快、模型小的特点。近年来，随着SketchUp被越来越多的设计师采用，渲染软件公司如Arlantis、Maxwell、VRay等，都为SketchUp平台设计了专门的渲染工具，利用渲染工具同样可以得到不逊于3DSMAX照片级的效果图。

六、村落文化保护中数字技术的局限性造成的风险及规避

（一）风险概述

自2003年公约实施以来，各国在非遗数字化保护上已经取得了很大进展。然而，数字技术单独来看仍是一种脆弱的载体。数据库固然可以成为积极的或消极的保护工具，但如果其技术未能达到合理要求，效果就可能背道而驰。其便于复制和传播的特性，可谓是一把“双刃剑”，一旦被非法入侵、病毒感染，此种优势就反而成为劣势。由于目前的非遗普查等活动基本都采用直接数字记录，数字文本已经在很大程度上成为唯一的原始文本，数字风险就更为突出。因此，要从短期（安全）、中期、长期（保存能力）层面保持数字记录内容完整，就必须有一整套周边维护系统。

此外，数字记录物理载体的归属权也存在问题。从储存方案的安全性出发，常见的重要档案备份方案是三重交叉备份，其中至少有一个备份在物理位置上与其他备份区分开。但由于被保存的信息可能涉及社群的文化、技术秘密和知识产权，备份就会产生合法性问题。

因此，数字化保存的具体技术措施必须从法律上予以保障，如保存质量管理、备份和修复，都必须有人员、预算等制度保障。档案学、图书管理学和金融业对

数字化的研究有一个“风险为本的管理机制”（risk based approach）理论，即研究应当建立在风险最小化的基础上。任何保存形式都是有局限性的，因此应该根据需要保存的信息或载体来决定保存方式，核心是要选择对意图保存的信息或载体而言风险最小化的形式。由于数字化保存是一个高度技术化的领域，因此采用一定的技术标准来控制数字化自身的局限性造成的风险是最为直接的选择。

（二）风险规避的要素

1. 数据安全隐患与整理

文化遗产数据的整理和存储是整个非遗数据库得以运行的基础，而数据存储结构的设计直接关系到应用系统的效率，关系到数据的完整性和一致性。因此，非遗数据存储要想达到安全性高、结构设计合理、存储种类齐全、运行稳定的目标，都可以通过技术标准来优化。这里涉及两个方面的问题：软件方面，需要有整理归类和储存格式的标准；硬件方面，需要有储存设备的标准。

目前，国际上已经存在一些数字文档储存的技术标准。比如，国际声音和音视频档案馆联合会（IASA）发布的《数字录音文档的归档和保存技术指南》就为音视频档案数字化保存提出了专业建议。数字档案的保存标准问题也成为国际档案理事会 2016 年的年会主题之一。

我国在图书馆领域已经有一些针对数字档案整理和保存的规范标准，如国家图书馆 2012 年制定的《数字资源长期保存规范》（GC—HD090188）以及涉及数据加工的国家标准《图书馆馆藏资源数字化加工规范》的第二部分“文本资源”（GB/T 31219.2—2014）、第三部分“图像资源”（GB/T 31219.3—2014）、第四部分“音频资源”（GB/T 31219.4—2014），这些文件都对非遗数据的保存有借鉴意义。

鉴于目前地方的非遗数据一般由地方非遗中心或文化馆保存的现状，我国通常适用档案管理的规范，因此档案领域的技术标准更值得关注。的确，不少学者认为，档案学的思路比其他学科更适合对传统社群文档实物的管理，因为较之人类学、图书馆学等学科的文献管理模式，档案学的学科范式更具有对秘密的敏感和对秘密管理的敏感。就此，我国国家档案局对归档电子文件的整理方式、电子资源格式和储存标准都有过规范性指导，虽然这些规范都是推荐性而非强制的，但对非遗数据库都有较好的可适用性。

2. 数据利用不足与元数据规范

尽管数字化技术极大便利了记录工作，但非遗数据库的构建仍将面临海量数据处理问题。事实上，非遗数据库的管理功能才是其真正的价值所在。通过高级搜索工具、分析工具，可对非遗项目的传承进行濒危检测；分析传承人年龄、人数等指标，对项目传承人进行管理；数据库功能从操作型需求、信息型需求转向决策支持系统发展等。在“大数据”时代，应该在数据库建设之初，就考虑其管理功能，建立数据辅助决策系统，通过建设合宜的强功能的搜索引擎，将数据价值最大化。如果没有足够的前期理性规划，进行数字化的大规模投资（硬件软件、人）以及形成的数字化资源就不能达到最优化的使用，将会造成巨大浪费。比如2008年的全国非遗普查，基本上没有形成任何可以使用的数据库成果，没有进行结构性构建，各省的数字记录都被零散地储存。这里面因素很多，但据我们调查，非常核心的一个原因是上游的分类标准和最终目标都不够清晰，导致数据采集后的管理混乱。为避免这种问题再次出现，技术上的解决方案就是开发元数据和制定分类编码标准。

为达到上述目标，处理好“元数据”（metadata）这个数据库建设中的核心概念至关重要。关于元数据有一个较为常见的针对其本质特征的定义，即“元数据是关于数据的数据”（data about other data），或“元数据是关于数据的结构化数据structured data）”。哈佛大学数字图书馆项目里对元数据的定义为：“元数据是帮助查找、存取、使用和管理信息资源的信息。”图书馆信息界对元数据另一种较为常见的定义则是：“元数据是结构化的编码数据，用于描述载有信息实体的特征，以便标识、发现、评价和管理被描述的这些实体。”这个定义可以说较好地体现了元数据的管理功能。如果没有这样的标志和评价程序，那么一个非遗数据库中即使有再多的数据，也只会是死的数据，无法真正实现保护、保存、传承、发展非遗的功能。

在古村落非遗数据库建设中，面临着与很多其他领域信息化建设极为类似的问题，其实质都与作为一种管理工具的元数据有关。比如，各个子系统（如市级、省级数据库）间对同一类型和含义的元数据定义规范不同，导致各子系统之间无法顺畅地交换数据，最终导致上级系统（如国家级数据库）无法全部运行。又如，同一系统各个版本之间由于搭建者不同（如系统升级的招标中更换了外包企业），对同一种元数据定义不同，导致系统升级时，需要处理大量数据转换和重复录入的工作，导致资源浪费，甚至数据丢失。

上述两个问题的根源在于系统最初设计的时候缺乏通盘考虑，未能规范定义元数据。因此，为确保非遗数据库的顺利运行和数据安全，必须在规划各个系统数据库之初统筹考虑，制定统一的标准和规范，以确保系统间数据交换和扩展的可能和便利。在目前的技术环境下，元数据的定义或者说组织和管理非遗数据的方式的定义，就是确保上述目标的重中之重。

元数据在网络信息资源组织方面主要起到四种作用：描述、定位、搜索、评估。从非遗数据库的角度看，可以对这几种功能做如下分析。描述作用是元数据最基本的功能，是指对非遗项目对象的内容、形态、性质、传承等进行描述，从而为资源的认知、保护和利用奠定必要的基础。定位作用是指通过综合各项非遗元素的位置信息，在地图上标记各个行政层级的非遗资源或者某类别非遗资源（通常由软件根据搜索需求实时绘制地图），从而更好地认知资源。搜寻作用是指在非遗数据著录的过程中，通过分析和重新组织对象信息，以标准元数据赋予语意并建立关系，从而达到跨类别获取和分析不同非遗资源的结果。比如，查看并选择“民族”元数据下的某个少数民族，即可获得该民族不同类别下所有非遗的综合情况；查看“人生礼俗——周岁”元数据，可以获得各个不同民族的对同一事件、场景的礼俗信息，形成比较分析的基础。评估作用是指元数据提供有关信息对象的各个类别的基本属性，使用户在无须浏览信息对象本身的情况下，就能够对其有基本了解和认识。比如，设置“传承人年龄”元数据，则只需分析某一地方数据库中的该项元数据下的信息，就能对本地重要非遗的传承情况，尤其是可延续性有大致了解。比如，2016 年 12 月文化部发布的《各地贯彻落实〈中华人民共和国非物质文化遗产法〉情况评估报告》中就指出，“在世的国家级代表性传承人中超过 70 周岁的已达 50% 以上”，此类数据对非遗的管理工作而言，是预测趋势、调整政策所必需的极为重要的信息。如此，元数据为各种形态的数字化资源集合提供规范、普遍的描述方法和检索工具，为由多种数字化资源构成的信息体系提供了整合工具与纽带。

文化相关的数字化研究中，元数据是早期的重点之一。因此，世界各大文博、档案机构都对此制定过标准。在国内，元数据也属于标准部门早有关注的问题。从在中国国家标准化管理委员会主办的“国家标准全文公开系统”网站上查询“元数据”主题词的结果来看，目前没有相关的强制性国家标准，但有 38 项推荐性国家标准和一些推荐性行业性标准。其中，一些与文博、档案、图书管理相关的标准，可以适用于非遗数据库。

此外，我国文化行政部门对文物领域的元数据标准也很关注。国家文物局 2016 年将《文物数字化保护标准体系框架指南》等多个与数字化标准相关的项目列入 2016 年度文物保护行业标准制修订计划，并于 2017 年年底之前制定出《文物数字化保护核心元数据》以及绘画类、雕塑类、织绣类、家具类、铜器类、陶器类、彩陶、瓷器类、古籍、拓片、玉器、甲骨、舆图、石窟寺、壁画、古文化遗址、古墓葬、近现代重要史迹、古建筑和石刻共20个可移动和不可移动类文物各自的专门元数据规范，以及《文物数字化保护管理元数据规范》《文物数字化保护保存元数据规范》《元数据命名规范》等多个相关的一般性管理规范。

国家科技支撑计划课题项目《文物数字化保护标准体系及关键标准研究与示范》中的“文物数字化保护元数据管理系统需求分析”和“文物数字化保护元数据管理系统设计方案”两个子课题对文物相关的元数据具体技术问题也做了深入探讨，可以为未来的非遗数据库元数据设计提供依据。

目前，我国图书馆界、文博界的行业元数据标准设计，以及文化部的“全国文化共享工程”建设，基本都是参考都柏林元数据。学界认为都柏林元数据也适用于非遗，一些学者甚至已经以之为依托，为我国的非遗数据库提出了元数据设计的建议。不过，在非遗普查的实践中，迄今为止唯一的尝试是文化部在“国家级非遗代表性传承人抢救性记录”工作中发布的《国家级非物质文化遗产代表性传承人抢救性记录工程操作指南（试行本）》。该指南要求记录工作卷宗要填写元数据表单，但是给出的元数据设计相对简单，只有题名、传承人、文献类型、项目类别、项目实施单位、拍摄者、拍摄时间、拍摄地点、内容描述、格式和语种共11个元数据，未能很好地达成元数据所应履行的描述、定位、搜索、评估职能。我们可以认为，文化部门应参照文物领域的工作，会同标准部门，制定专门针对非遗数据库的元数据方案。在这个过程中，应当确保具有与国际、国内相关元数据标准的相互操作能力，从而实现更大范围的知识共享和互操作。此外，与国际标准组织或其他国际上通行的做法一样，应确保设计出来的元数据受知识产权保护。

（三）反思与总结

2007年，联合国教科文组织的“世界记忆”项目发布了一个题为《世界记忆：面向一个开源储存机制和保护体系》的报告，其中提出了“数字简约性”（digital simplicity）的概念，即指信息可以容易地从其载体上被剥离开。的确，当人们构建一个信息储存和保护体系时，其目标应是保存信息，而不是保存信息的载体。所以“数字简约性”是指大量使用元数据时提前构建好的信息储存框架，其核心在于：保存信息的目的是对未来世代负责，只有能使后人以最快捷的方式获取被保存信息，才算成功的保存。这就要求尽量使用经典、传播广泛、可适用性强的文件格式。如同任何一个摄影或高保真音响的“发烧友”都会告诉我们，专业使用的器材一般都更倾向于守旧，而不同于民用器材追求更新换代一样，趋于经典的系统更利于信息的保存，这项原则对非遗数据库的建设完全适用。

《世界记忆》报告指出，“数字简约性”可以从两个层面来考量：一是被管理的目标（文化信息），二是进行管理的系统（数字技术）。这两个层面都需要符合“简约性”标准。该标准可以从以下几个方面进行阐释：首先，选择储存格式时，应当确保这种格式不需要任何可能导致信息丢失或失真的处理。这种格式应该具有广泛的可兼容性，最好是无知识产权的格式，如 mp3 格式，即应确保这种格式具有较好的可转换性，以便在必须时可转化为另一种格式。其次，应定义足够的元数据，以确保对非遗元素的认知、获取和保存。最后，使用可靠的储存设施，并且确保有两种以上不同类别的介质以保证数据安全。根据重要档案管理的一般原则，确保有三个以上交叉备份的拷贝。

遗憾的是，对非遗数据而言，最大的风险可能不是技术上的（包括化学、物理的侵蚀），而是社会、经济方面的。全球知名的数据库科学家、图灵奖获得者詹姆斯·格瑞（James Gray）曾对学生说:“祝愿你们所遇到的问题都是技术问题！”历史证明，对人类文化遗产，最大的威胁不是风化、腐蚀、自然毁灭，而是系统性社会革命、宗教极端主义等人为因素。

同时，数字化内容的统一规范（数据库化、交流、共享的前提）与文化多样性和独特性必然产生矛盾。目前，技术规范还能缓解这些问题，或者说必须尝试用良好的、符合人类学学科范式的技术规范来缓解此类风险。

第三节　以南岭瑶寨为例

一、南岭瑶寨研究的缘起

（一）乡村旅游带动经济发展

中国乡村旅游萌芽于 20 世纪 80 年代，发展于 2000 年以后。《中国旅游研究30 年专家评论》一书从三方面阐述了乡村旅游的发展契机：一是从城乡发展需求变化来看，激发久居城市的人们假日到乡村观光旅游、休闲度假；二是从城乡发展条件来看，环境优美、农耕文化和民俗风情浓厚的乡村生活为乡村旅游提供有利的发展条件；三是从城乡发展契机来看，中国进入工业反哺农业，城市支援农村发展，借助乡村旅游改变农民思想观念、促进农村经济发展的阶段。中国社会科学院舆情实验室在2016年中国（袁家村）乡村旅游高峰论坛上发布的《中国乡村旅游发展指数报告》中指出，2016年中国乡村旅游进入大旅游时代，在政策引导、城镇化拉动、汽车普及、投资驱动、新消费革命的推动下，乡村旅游将保持较快的增长速度，预计到2025年乡村旅游人次将近30亿人次。中国农业农村部乡村产业发展司负责人公布数据，2018年全国休闲农业和乡村旅游营业收入超过8000亿元。乡村旅游成为推动农村经济发展，调整农业产业结构，增加农民收入的良方。

南岭瑶寨地处五岭之间，“南岭无山不有瑶”说的就是瑶族在越城岭、都庞岭、萌渚岭、骑田岭和大庾岭这五条山岭间呈现大分散、小聚居的分布态势。它们主要分布在海拔1000～2000米之间，瑶寨周围竹木叠翠且风景秀丽。南岭瑶寨聚居人口近200万，占我国瑶族总人口的2/3。南岭瑶寨大多地处高山地带，资源相对匮乏，交通相对不便，瑶族同胞受地理位置、资源环境的影响，保持着传统的生活习惯，其农民人均收入低，经济相对滞后。南岭瑶寨保存着质朴的瑶族民俗和瑶族民风，保持着原生态、质朴的生态环境。所以，寻找适合南岭瑶族村寨经济发展的产业和提高农民收入、改善村民生活条件的途径非常重要。在中国乡村旅游发展的大背景下，南岭瑶族村寨因其少数民族风情浓郁，地方特色鲜明，因此吸引大量的游客前往。实践证明，乡村旅游成了南岭瑶族地区调整农村经济产业结构、提高农民收入、带动南岭瑶族地区经济发展的有效途径。

（二）瑶寨文化逐渐没落

南岭瑶寨乡村旅游发展的核心在于对民族文化的开发。南岭瑶寨民族文化成为乡村旅游发展中备受关注的旅游资源。“旅游民族”既可以渗透参与者对本民族群体及其传统文化的认同意识，又会使本民族与其他民族形成新型族际交际，并使之对民族传统文化和现代都市文化生活具备双重的适应性。“旅游民族”的出现，意欲表达对文化差异性的强调和认同，处理好则可以帮助本民族文化的开发，突出自己民族的特色。

南岭瑶寨地区大都是山区，因其地处偏僻，交通不便，受外界影响较小，还保留着浓郁的、原始的民风和特色习俗。其社会文化要素具有形式上的完整性和内容上的独特性，社会文化环境具有良好的自我传承性，对外地游客具有较强的吸引力。南岭瑶寨乡村旅游在发展过程中，瑶族文化就是作为被开发的对象，容易受到外来文化的冲击。尤其是旅游的发展不但为瑶族地区带来了游客流、资金流、物资流，而且还带有大量的信息流。南岭瑶寨享受着乡村旅游带来的经济福利的同时，与南岭瑶寨地区生生相息的瑶族传统文化受到了冲击。随着游客的增多，相对简单的南岭瑶寨的社会文化构成要素及其组合方式，在与外界的交流与互动过程中，表现出其脆弱性和易变性。南岭瑶族文化是一种不可再生的资源，一旦开发不当或过度开发，或不注意保护，就会枯竭乃至消失。因此，南岭瑶族文化应该得到全面保护。

（三）瑶寨聚落文化保护不当，亟需开发良性发展路径

乡村旅游的发展让政府、开发商、社区居民、游客纷纷认识到南岭瑶寨聚落文化的价值，开发商、旅游部门加大了对南岭聚落文化的开发和利用，在强调经济利益发展的同时，却忽视了乡村旅游发展过程中带来的环境污染、传统聚落景观特色破坏、传统文化淡化等一系列的社会问题。

乡村旅游发展可能会带来一些负面效应，诸如民族旅游地传统文化的丧失、变异、贬低与扭曲，社会伦理失范等负面效应，游客带来的潜在的社会文化风险会直接损害少数民族的权益，影响少数民族地区文化旅游的可持续发展。这也引发了南岭瑶寨聚落文化保护不当、旅游吸引力减弱等问题。南岭瑶寨聚落文化在历史长河中形成了独具民族特色的历史价值、文化价值和美学价值，吸引着游客络绎不绝前来观光体验，当然，也容易受到外来文化的冲击。众所周知，传统文化孕育着现代文明。因为今天的“现实”就是明天的历史；今天的“现代文明”就可能构成明天的“传统文化”。人类文明的发展，永远处于周而复始，不断向高层次的发展之中。在与现代文明的对抗中，南岭瑶寨聚落文化要成为传统文明的有力支撑点，让现代文明与南岭瑶寨聚落的传统文化相互相融、相辅相成；让南岭瑶寨聚落文化不断发展成为新的文明因素，坚定瑶族同胞的民族自信心。

因此，在乡村旅游发展背景下，随着对南岭瑶寨聚落文化保护和开发，只有在本民族群体及其对当地传统文化的认同过程中，南岭瑶寨需扩大本民族与其他民族的交流，在新型族际交际圈中，加强本民族对瑶族传统文化和现代都市文化生活的双重适应性。南岭瑶寨聚落文化适应变化了的现代物质生活和文化生活，在政府、旅游者、旅游企业和旅游地社区的共同帮助下，其应加强、恢复、保护和开发南岭瑶寨聚落文化的旅游活动，增强旅游目的地瑶族民族文化自豪感，改善封闭落后的南岭山区瑶寨的社会文化环境。在推动南岭瑶寨聚落文化积极融入当地现代文明进程中时，政府应帮助南岭瑶寨寻找积极有效的保护与开发的路径，促使瑶族文化的良性发展。

二、南岭瑶寨概况

我国瑶族人口分散在全国各个地区，总体呈现出大杂居、小聚居的特点，而南岭山区则是我国瑶族的主要聚居区域。历史上，我国的瑶族是一个刀耕火种型的游耕民族。如今，随着社会发展和人类生活的变迁，科学技术促使农民的耕作水平大大提高，刀耕火种型的耕作方式逐渐退出人们的生活，于是形成了无数个大小不一的瑶族村寨。瑶族村寨的演变大致经历了以下三个阶段：第一阶段是以刀耕火种为主要生产方式的时期，瑶族先民多为散居，村寨多呈现出规模小、迁徙性强的特征；第二阶段是以稻作农耕为主要生产方式的时期，瑶族人民开始定居下来，村寨呈现出多类型、小聚居的特征；第三阶段是现代经济规模化发展的时期，瑶族人民聚居在一起，呈现出城镇化、现代化特征。南岭瑶族村寨自然资源丰富，民族特色鲜明，但是受交通、观念、文化、管理等多重因素的影响，南岭瑶族地区中除了生活在平地的瑶民外，大部分居住在山区的瑶民收入较低，经济发展相对落后。南岭瑶族地区经济多以农业发展为主，工业基础相对薄弱，但随着现代旅游经济的不断发展，旅游业在南岭瑶族地区的发展中占据了越来越重要的地位。

图 6-3-1　南岗瑶寨全景

（一）丰富的自然资源

南岭地区矿产资源极其丰富，是世界上罕见的有色金属、稀土金属和稀有金属成矿区，故而南岭山区多矿藏，尤以钨、锡、铝、锌等有色金属著称。南岭成矿带延伸范围较广，东起福建，经南岭山区到贵州、云南，全长千余公里，是我国最大的构造成矿带，属环太平洋钨锡成矿带的重要组成部分。经过检测与探索，已经确定有包含12处大型锡矿床和8处铅锌矿床的各大中矿床260余处。南岭矿产数量多、范围之广的原因与各时代的地层岩性、构造运动、岩浆活动、变质和风化过程是分不开的。因为这些矿产的成矿母岩是花岗岩，所以南岭的山体多由花岗岩体构成。南岭的山谷多由红色矿岩或青色的灰岩等软弱性基岩构成，由于南岭地区处于亚热带地区，其侵蚀痕迹明显，气候呈现高温多雨的特征，雨水侵蚀使得谷地红色矿岩出现赤壁红岩。这种景色在粤北的丹霞山呈现的特征最为显著，因而地质学家将其称为丹霞地貌。这种地貌是基于红色矿岩的，如果是石灰岩的话，则雨水侵蚀形成的喀斯特地貌，其地貌特征是群峰林立、洞穴天成。南岭山区与盆地并存，西段盆地多以喀斯特地貌为主，而东段则以丹霞地貌显著。

除矿产资源外，其植物资源也十分丰富。植物区系是指某一地区，或者是某一时期、某一分类群、某类植被等所有植物种类的总称。南岭植物资源非常丰富，是中国14个具有国际意义的陆地生物多样性关键地区之一。地史上南岭属于华南地区的一部分，植物区系的起源古老、历史悠久，不仅保存了大量的孑遗植物和特有类群，还是很多科属植物现代起源和演化的中心之一。目前世界上与南岭同纬度的地区大多是稀树草原或热带沙漠，而南岭由于独特的气候条件，仍保存着同纬度面积最大的亚热带常绿阔叶林、针阔叶混交林、针叶林和山顶矮林等各种森林植被类型，其中包括大面积罕见的原始森林。南岭充足的植被资源与适宜的气候造就了丰富的生物资源，成为我国亚热带地区天然珍贵的物种宝库之一。数万年前，特别是在第三纪和第四纪冰川时期，处在冰川冰线上的南岭成为众多野生动物和孑遗植物的避难所，来到这里的也包括大量北方喜温的物种，使得南岭地区生物资源变得极其丰富，进而成为近代亚热带、热带的植物发源地与核心地带。同时，南岭地区也是生物多样性和物种的进化中心，兽类（华南虎、云豹、麝、灵猫、穿山甲等）、鸟类（叶鸭、金丝禾谷、雉鸡、画眉等）、两栖爬行类（金钱龟、蟾蜍、大壁虎、泥蛙及各种蛇类）等动物共同构成了南岭地区丰富多样的野生动物群。

图 6-3-2　南岭原始森林

（二）悠久的人文资源

南岭在历史发展进程中，除了是地理和气候屏障之外，更多的是我国南北地区和海外政治、文化交流的中心。

南岭地区有较长的开发历史。早在旧石器时代，人类已经在这块土地上繁衍生息，并能制造石器和陶器。战国时代，人们已经开始使用飞禽走兽纹饰铜制器皿。汉武帝元鼎五年（公元前 112 年），遣兵分五路攻击南越，元鼎六年（公元前 111 年）置苍梧、桂林等郡，管辖五岭西部的广大地区。至此，南岭地区完全与中原地区联通，成为中原各省通向岭南的交通要道。

图 6-3-3　马坝人遗址

南岭地区的文化积淀始自远古人类的文化创造，一系列的考古发掘证明，南岭—珠江流域是远古人类频繁活动的区域。在中国历史上著名的遗址主要有广东曲江马坝狮头峰石灰岩洞古文化遗址、广西柳江县通天岩柳江人遗址、来宾市麒麟山人遗址、桂林宝积岩人和甑皮岩人遗址、柳州市郊白莲洞人古文化遗址。著名考古学家苏秉琦先生认为，中国国家的起源和民族文化的发展在古文化、古城的基础上，大体经历了“古国—方国—帝国”的“发展三部曲”。郑超雄先生认为：华南壮族地区见诸文献记载的最早的古国是苍梧古国。苍梧古国与中原华夏集团的尧、舜古国同时存在。苍梧古国的分布范围主要在湖南湘江流域及南部地区、广东的北部和西北部、广西的西北部和东部地区”，同南岭民族的分布范围大致相符。

图 6–3–4　柳江人遗址

图 6–3–5　麒麟山人遗址

图 6-3-6　甑皮岩遗址

除此之外，历史上提到南岭的佳作也是多不胜数。《史记・张耳陈馀列传》中的“北有长城之役，南有五岭之皮”;《汉书・张耳传》作“五领”，颜师古注引邓德明《南康记》中的“大庾领一也，桂阳骑田领二也，九贞都庞领三也，临贺萌渚领四也，始安越城领五也”；晋人陆机的《赠顾交趾公真》诗：“伐鼓五岭表，扬旌万里外”；毛泽东的《长征》：“五岭逶迤腾细浪，乌蒙磅礴走泥丸。”红军走过的路并非平常之路，都充满了艰难险阻，可见五岭的巍峨与磅礴气势。

（三）浓郁的民族风情

中国少数民族中的瑶族被誉为“东方的吉卜赛”。他们是中国所有少数民族中迁徙次数最多的民族，同时也是民族特色最鲜明、最完整的民族。他们大多分布于南岭一带，包括广东乳源、连南、连山瑶族自治县，湖南江华瑶族自治县以及广西的富川和金秀瑶族自治县等，一些瑶族自治乡分布更为密集，因而将南岭的一条位于广西境内的余脉称之为大瑶山。广西瑶族人口有 152.8 万人，占广西全区总人口的 3.06%，占全国瑶族人口的 62%。

瑶族因聚居在南岭山区而被称为中国的高山民族，享有同样称誉的还有汉族的客家人。大多数人所认为的客家人的聚居地——福建、广东、江西三省交界的山区是按人口密度来讲的，从范围上来讲，客家人最大的聚居区应该是南岭。客家人是先从三省交界处的山区开始迁移，沿南岭向西直到我国的西南、东南亚和海外的。选择这样的迁徙方式大致有以下三个原因：首先，客家人的老聚居区属于山区且面积狭小，出于容纳更多的人口而向外迁移；其次，南岭常年温暖，有丰富的动植物资源供客家人使用；最后，南岭山区的气候环境适合瑶族人与客家人居住，且瑶族人居住山上，客家人在山下，同是高山民族，相处和睦。

图 6-3-7　瑶寨建筑

他们的共同点还在于其生活方式和语言，南岭虽地处四省交界，受语言环境影响较大，但他们的语言都为客家话。在与外人交流时，他们无论是老人还是小孩都用一种具有北方语言特征的“官话”。南岭山区拥有历史悠久的民族文化与民族风情，最主要的原因即为它是瑶族的聚居地，也可以说是发祥地。南岭山区与瑶族人相互依存、相互影响，南岭养育了瑶族人，瑶族赋予南岭鲜活的神韵。瑶族的风俗习惯有很多特别之处，不同支系和不同居住地的瑶族人在饮食、服饰等方面均有所区别。瑶族男子有左大襟和对襟两种上衣，裤子长度不一样，布料为蓝黑色家机布。瑶族妇女的服饰则更为多样，且都绣有彩色花纹，有长衫长裤，也有短衣百褶裙，头上缠着绣花巾（黑色或白色），腰上绣有彩色花纹的腰带，除此之外，还有耳环、手镯、银牌等作为装饰。瑶族的饮食主要是大米、玉米和红薯，大多数瑶族人都有喝酒、吸烟的习惯。在桂北，瑶族人喜欢喝油茶，还腌制猪肉和牛肉等。瑶族人居住竹木结构（也有土筑墙，上盖瓦片）的房屋，内部一般分为厅堂（中）、灶房（旁）和火堂（旁），卧室和客房则在后面，三五户到几十户不等，形成一个规模不大的村寨。

图 6-3-8　瑶族服饰

图 6-3-9　瑶族银饰

瑶族民间文学十分丰富。《评皇券牒》——瑶族民间的重要历史文献，里面记载着盘王传说的内容：盘王在评王与高王打仗中咬杀了高王，立下了大功，评王便把自己的三公主许配给了盘王，并封盘王于会稽山十宝殿（店）为王。后来盘王在打猎时坠崖而亡，盘王的后代就逐渐繁衍成了瑶族。在不同文献中，盘王有着盘瓠、盘古、犬祖等不同称谓。跳盘王是盘王崇拜的礼仪形式，它包含图腾崇拜和祖先崇拜等。南岭地区将模仿狗的行为动作的舞姿展现在还盘王愿（或还祖宗愿）的活动中。后来，跳盘王还成了道教的还愿仪式。是否承认盘王子孙还被瑶族人作为在长期迁徙过程中追宗认祖的重要依据。在饮食、服饰、婚丧、节日等方面，瑶族人也表达着对狗的尊重，比如不吃狗肉，或把自家狗的生日刻在房屋中最明显的地方。除了《评皇券牒》外，包含独特民族特色的还有《盘瓠传说》《密洛陀》。在历史文献和神话之外，瑶族还保存有长歌代表作《盘王歌》、古歌、甲子歌、信歌等，以此作为他们爱唱歌的象征。

图 6-3-10 瑶族盘王节活动

三、南岭瑶寨保护及活化的路径和原则

（一）南岭瑶寨的保护原则

1. 真实性原则

真实性原则是指古村落本身的材料、工艺、设计及其环境和它所反映的历史、文化、社会等相关信息的真实性。对古村落的保护就是保护这些信息及其来源的真实性。与古村落相关的文化传统的延续，同样也是对真实性的保护。

2. 完整性原则

古村落的保护是对其价值、价值载体及其环境等体现古村落价值的各个要素的完整保护。古村落在历史演化过程中形成的包括各个时代特征、具有价值的物质遗存都应得到尊重。

3. 最低限度干预原则

在古村落的保护过程中，应当把干预限制在保证古村落物质空间尤其是历史建筑安全的程度上，同时为了减少对物质空间本体的干预，应对其采取预防性保护，如加固建筑架构等。

（二）南岭瑶寨保护路径

1. 科学价值评估，对点展开保护

（1）在风貌区用地规模方面

重点整体保留和保护好风貌区用地规模，将保护区划分为协调保护范围、核心保护范围，从而进行分区控制。在协调保护范围内应包含南岭瑶寨的整体空间格局、历史建筑等历史保护要素。

（2）在街巷方面

很多南岭瑶寨依旧保持着古老的街巷格局和街巷肌理，这是古村的重要历史特征，还原了历史真实性。因此，在街巷方面，应重点保护好南岭瑶寨核心保护范围内的街巷格局和肌理，禁止对形成该格局的历史建筑进行拆除行为，对于影响街巷格局的非历史建筑应予以拆除，最大限度地还原历史真实性。

（3）在历史建筑方面

历史建筑保存完好是南岭瑶寨价值构成的重要部分，针对协调保护范围内的历史建筑应予以重点保护。并且针对重点保护建筑应进行分类，对于存在结构安全隐患的应进行结构加固。其他建筑根据其历史保留现状、新建加建情况以及结构安全等方面的因素，进行分类保护修缮，应根据活化的需要进行一定的改造。此外，在保护过程中，应尊重古村的建筑肌理，延续村落传统脉络。对于周边环境的开发建设活动，应避开古村保护范围，禁止开展对古村历史建筑安全造成影响的开发建设活动，包括地面、地上与地下建设活动。

2. 加强观念转变，达成社会共识

观念意识包括政府决策者的意识，居民意识，民间组织、专家学者以及新闻媒体人的意识，通过宣传与推广南岭瑶寨，让更多人了解南岭瑶寨，认识其真正价值，在多方努力下，形成保护南岭瑶寨的社会共识，同时政府决策者应该转变观念，增强保护意识。

3. 纳入相关法规，明确保护内容

在南岭瑶寨保护及建设方案调整与优化过程中，许多专家学者进行了深入的研究，并形成了如测绘报告、评估报告等成果，但由于该文件不属于法规范畴，仍属于社会力量自发形成的研究成果，不具备法律效力。该研究成果仅能作为政府决策的参考，在一定程度上影响发展商的开发行为。因此，要从根本上保护南岭瑶寨，应将专家学者的研究成果整理写入法规文件，在法规文件中明确指出南岭瑶寨的价值，并划出南岭瑶寨的整体保护范围。

4. 完善基础设施，避免二次破坏

有些南岭瑶寨基础设施滞后导致其安全、环境等问题突出，在对南岭瑶寨保护过程中，有必要解决其基础设施滞后问题，包括修建完善的排水系统、环卫系统、消防系统等，对私搭乱建进行整改，避免安全隐患，减少对南岭瑶寨的进一步破坏，为后期保护与活化提供良好的设施基础。

5. 制定活化计划，延伸古村保护

除上述途径外，政府相关部门可以推出“保护与活化南岭瑶寨历史建筑及历史风貌区计划”，进一步加强对南岭瑶寨历史建筑及历史风貌区的保护与活化工作。此外，还可通过申请联合国教科文组织亚太文物古迹保护奖等国际奖项，以此进一步扩大南岭瑶寨的影响力，提升其社会、历史、科学、艺术等价值，并以南岭瑶寨的保护为典范，影响其他地区的古村保护。

（三）南岭瑶寨的活化原则

1. 参与性原则

参与性原则是指在古村活化过程中，因其属于复杂多变的系统，且涉及的内容较多，为了更好地体现各方诉求，需要充分发挥多方参与力量的作用，各方力量共同建言献策，协调各方利益和诉求，把握古村活化的正确方向。

2. 适应性原则

适应性原则是指在不破坏村落历史风貌的前提下，对村落建筑进行适当的改造，包括建筑外观、结构的改造，同时植入新的功能，使村落功能多样化，从而适应现代村镇发展的节奏。

3. 延续性原则

延续性原则是指一方面应充分尊重村落的空间格局和肌理，延续其空间发展脉络；另一方面应注重村落传统文化的传承。

（四）南岭瑶寨活化路径

1. 加强空间改造，提升村落品质

（1）优化街巷景观设计

很多南岭瑶寨依旧保留着传统的街巷格局，这使得村落保护更具重要价值。所以，首先要对村落街巷进行疏通，拆除影响街巷格局的新建或者加建建筑，增加街巷空间，尽量还原历史空间格局。

其次，对古村街巷进行景观设计。街巷景观设计的要素包括街巷立面、交通、标识、绿化、铺装、市政设施、照明设施等多种要素，在进行景观设计中，充分考虑与古村历史风貌的协调性，从历史建筑中提取如门头雕刻、山墙、砖瓦等极具历史气息的元素进行景观设计，以保留、叠加、删除、置换、覆盖、渐变等空间手法将村落街巷打造成富有趣味的灵活的空间，同时也能够充分体现传统历史文化气息。

此外，还可以引入数字媒体技术，如 AR 技术，将南岭瑶寨的历史以小程序的形式向外展示，让南岭瑶寨的记忆在街巷空间中流淌。

（2）活化建筑单体

我们可以将南岭瑶寨建筑分为四个类别，即优秀历史建筑、一般历史建筑、传统风貌建筑和一般建筑。在对这四类建筑进行更新之前，应当编制《南岭瑶寨建筑更新活化导则》，从门头、屋顶、窗、门、山墙、脊饰等建筑形式上构建起南岭瑶寨文化基因数据库，并明确建筑空间尺寸要求，并将这些内部要素库与空间尺寸要求进行整理归纳制定规则，从而形成南岭瑶寨建筑更新活化导则。

①优秀历史建筑，以保护为主，在结构稳固的情况下，对建筑立面、建筑空间、建筑结构进行修缮加固为主。在保持原有建筑功能的基础上，增加文化展览的功能。②一般历史建筑，在原有结构的基础上对建筑进行修缮加固，可在整体风貌不变的情况下进行局部改造，如通过拆除二层加建平台等微改造，还原院落空间。③传统风貌建筑，在保证部分风貌不变的情况下，可运用灵活的空间设计手法对其进行更新活化，并且可植入新功能。④其他建筑，即无历史建筑，对于严重影响古村整体风貌的或者质量较差无法重新利用的一般建筑，在保证不破坏古村街巷肌理、空间尺度的情况下应予以拆除重建。对于可利用的对整体风貌影响不大的新建或加建建筑，在满足建筑设计导则的前提下进行建筑改造，并配以新功能。

2. 植入新型功能，实现多元发展

南岭瑶寨的功能植入需要考虑四个方面的因素：①以突出南岭瑶寨的历史文化为重点；②不破坏历史建筑；③与周边环境相联系；④与空间尺度、结构状态、建筑质量等方面条件相适应。在南岭瑶寨的功能的植入中，可植入以文化展览为核心的功能，同时植入其他对古村落建筑影响较小，又能提升村落品质的功能。

3. 引导公众参与，实现多方献策

南岭瑶寨的活化应由政府主导，由居民与第三方力量共同参与，发挥公众参与的作用。在这个过程中不断完善公众参与机制，包括南岭瑶寨建设方案中，应建立信息和方案的分享平台，同时建立公开的、定期的沟通渠道，让关心南岭瑶寨的社会人士及时了解更新方式，并提出建议。为了更好地宣传南岭瑶寨的价值，还可以设立相关奖项，以表扬及鼓励个人、团队在南岭瑶寨的保护以活化中所做的努力。

4. 联合政府、企业开展多元化运作模式

以充分体现南岭瑶寨价值为目的，在南岭瑶寨的活化运作过程中，以政府为主导，推出并统筹南岭瑶寨活化计划。争取在政府主导、企业实施、公众参与的力量下，同时第三方专业力量提供咨询服务，形成南岭瑶寨建筑更新试点方案。通过专家学者评审之后，开始开展更新试点实践，同时第三方专业力量对试点实践进行活化效果评估并将评估结果反馈至政府层面，及时对试点进行纠偏调整。最后以点带面推进南岭瑶寨的活化实践，并由第三方专业力量分阶段进行再次评估，继续将评估结果反馈至政府，不断反思与调整。该模式的优点在于：

①以政府为主导，能够全面把控南岭瑶寨活化计划的全过程，以企业为实施主体，一方面政府的监管权力得以释放，不再处于完全管和完全不管的两个极端，同时也缓解了政府的财政压力，另一方面能够充分发挥企业的社会资源整合作用，同时相对于政府，企业在古村活化过程中更加具有灵活性、公平性、续航性以及计划性。②与一般的古村开发模式不同，以往许多古村都是由发展商实施更新过程，但由于发展商追求利益最大化，使古村落的价值常常被埋没。因此，上述这种运作模式能够将对经济效益最大化的追求转向对文化经济共同发展的追求，能够充分体现南岭瑶寨的价值所在。③充分调动与利用社会资源，发挥社会各界的力量，为南岭瑶寨的活化提供更加全面、多元化的思路。

四、南岭瑶寨文化基因的演变及保护原则

（一）南岭瑶寨文化基因的演变梳理

瑶族作为中国最古老的民族之一，传说起源于古代东方九黎中的一支，最初活跃在现今湖北、湖南地区。经过数千年的迁徙和发展，如今广泛分布于我国南岭山脉之间，足迹遍布广西壮族自治区以及广东、湖南、福建、四川、贵州、云南等省份。古老的瑶族聚居村落广泛分布在南岭山脉的崇山峻岭之间，素有“南岭无山不有瑶”的说法。尤其在广东、广西以及湖南交界处的南岭山脉上，散布着乳源、金秀、连南等多个瑶族自治县。

在我国，瑶族大多偏居在条件较差的南岭大山之中，靠游猎畜牧为生，由于

地理阻隔和生产生活等需求，瑶族村寨中逐渐形成了一种丰富的特色聚落文化基因。南岭瑶族聚落文化作为一个整体，其文化有多种表现形式，各类文化之间相互作用，形成较为稳定的聚落文化基因库。

接下来针对南岭瑶族聚落文化复杂的特征，结合文化组成和文化模型的分类，将南岭聚落文化基因确定为聚落物质文化基因、聚落精神文化基因、聚落制度文化基因和聚落行为文化基因四类，进而对其演变过程进行以下梳理：

1. 聚落物质文化基因演变

南岭作为瑶族的发祥地，为南岭瑶族同胞提供了丰富的物质生活，也为瑶族同胞提供了诸多生活便利。奇伟的南岭滋养了勤劳而勇敢的民族。勤劳勇敢而智慧的瑶族人民激活了南岭的灵性和神韵，收获着这片热土的丰饶和甜美。

南岭的地带性植被是亚热带常绿阔叶林，多分布在海拔 800 米以下。主要树种是樟科的樟树，其次是壳斗科的红锥、白锥、米锥、红椽和白椽等。常绿阔叶林群落结构一般可分为四层：高层为锥、椽类；次层为樟、木荷等耐荫植物；第三层为灌木层，主要成分有灌木、杜鹃等；最下层为草本植物，以兰科为主。海拔 800 米以上有香桦、漆树、香枫、山毛榉和鹅耳枥等落叶阔叶树，构成山区常绿林。1300 米以上有广东松、福建柏、长苞铁杉、铁杉、三尖杉和罗汉松等构成的针阔叶混合林。在 1600～2100 米的山顶，植被多为矮林，以石柯、南烛、杜鹃、山柳和雪竹等为主，局部有草甸分布。人工栽培林木以杉木和马尾松为主，是中国南方用材林来源之一。地带性土壤是红壤，海拔 700 米以上则为黄壤，山顶局部有草甸土发育，有色金属丰富。

南岭的野生动物品种繁多，兽类有华南虎、豹、豺、云豹、黄麂、麝、梅花鹿、苏门羚、灵猫、金猫和穿山甲等；鸟类有叶鸭、白头翁、金丝禾谷、画眉、相思雀、雉鸡和银鸡等，其中不少属于国家保护动物；两栖爬行类有大头龟、金钱龟、大壁虎（蛤蚧）、大蟾蜍、泥蛙及各种蛇。

南岭独特的物产资源赋予了瑶民特色的生活习惯。为了适应南岭不同的地势、地貌、植物、动物等自然资源，南岭各地区瑶族同胞的生产和生活习惯形成了一些差别，也形成了不同的瑶族支系，具体体现在他们不同的服饰、饮食和居住形式等物质生活方式上。瑶族服饰样式多姿多彩，男子上衣主要有左大襟和对襟两种，裤子长短不一，以蓝黑色家机布为主。妇女服饰各地不一，有的穿长衫长裤，有的穿短衣百褶裙，头缠黑色或白色的绣花巾，束腰带，上衣、裙、裤、头巾、腰带均绣彩色花纹，饰耳环、手镯、银牌。瑶族食物以大米、玉米、红薯为主。桂北瑶族盛行“打油茶”，大瑶山瑶族喜欢腌制“鸟酢”“兽肉酢”，有的瑶族腌制熏干的猪肉和牛肉。瑶族村寨规模小，多则几十户，少则三五户，房屋多为竹木结构，也有土筑墙，上盖瓦片，一般分为三间，中为厅堂，两侧为灶房和火堂，后作卧室和客房。

随着乡村旅游业的不断发展，南岭瑶族聚落丰富的植被、野生动物、民族服饰、饮食和民居建筑形成了可供开发和利用的旅游资源，并吸引了大批游客前来观赏、游览和体验。与此同时，瑶族村寨进一步完善了村中的基础设施，村寨交通便捷，卫生情况得到改善，村中居民逐步开始进行旅游业的经营，为游客提供吃、住、行、游、购等旅游服务。

2. 聚落精神文化基因演变

瑶族有着古老悠绵的民族历史文化和绚丽多彩的民族风情。瑶族民间文学十分丰富，在瑶族民间最重要的历史文献中记述着一个极为重要的内容，即盘王传说。南岭瑶族还拥有大量的节庆活动、历史文物、民风民俗等特色民族文化，这些都为现如今南岭瑶族聚落发展乡村旅游奠定了坚实的文化基础。

3. 聚落制度文化基因演变

南岭瑶族同胞生活在偏远的山区，他们根据南岭物质文化和精神文化的生产与生活背景，在瑶寨中形成了对生产、生活独特认识的各种社会关系和规范的社会组织机构和规章制度，就是南岭的制度文化，如瑶老制、石牌制等。随着社会经济的不断发展，瑶族地区也逐渐步入商品经济，形成了瑶寨商品经济的制度文化。在商品经济时代，瑶民在商品交换和以劳获酬方面建立起自有的价值观。随着乡村旅游业的发展，瑶民的旅游商品意识得到进一步提高。在瑶族村寨中，瑶民通过为游客提供旅游服务或商品获取相应的报酬和利益。当前南岭瑶寨地区拥有大量乡村旅游瑶族村寨，为其经济的发展带来了很大的动力。

4. 聚落行为文化基因演变

瑶族民风淳朴、邻里和睦，社会经济发展的同时也带动了当地文明礼仪的不断进步。旅游开发前，少数民族地区自给自足的传统小农生产方式带给瑶寨的是相邻共居、守望相助，形成彼此亲如一家的传统的社会生活网络。乡村旅游的开发将居民的日常生活、劳动以农家乐的形式展示给游客。瑶族同胞在提供旅游服务的过程中，只有不断学习相关技能，提高自身素养，主动与游客进行交流，充分地将瑶族文化展示出来，才能在乡村旅游开发中获得更多的关注，在旅游市场竞争中获得优势。旅游开发使得瑶族居民的热情好客得到进一步展现，友好热情的氛围成为游客对民族村寨的主要印象。瑶族同胞的行为文化基因在乡村旅游开发的过程中不断地发生改变。

（二）南岭瑶寨文化保护和发展原则

1. 主次原则

旅游开发是南岭瑶寨及其他古村落活化的有效策略，也是古村落文化传播的主要途径。但在传统村落旅游目的地，主人与客人应相互尊重对方的文化。主人应通过多种方式来体现自己的传统文化，以使客人能够深入体验其内涵，从而获得精神享受。随着传统村落旅游开发的推进，游客与社区居民交流增多，游客与当地社区居民间不同文化的相互影响是不可避免的。但是，在民族地区旅游目的地旅游发展中，当地居民一定要坚守本民族的优秀传统文化，也可以吸收外来文化中的有益部分，提升本民族的固有文化内涵。同时，我们应注意关注传统村落居民的反应，倾听社区居民的声音，尊重主人的意愿，合理开发当地的旅游资源，发展乡村旅游业。

2. 度与量的原则

“度”指的是传统村落文化开发的范围，对于传统村落文化中的隐秘部分不予对外开放，建立保护机制；对于可以对外展示的传统村落文化的部分，要注重保护、开发、创新、设计，使其成为居民和外来游客都可以接受的旅游产品，提高旅游目的地的吸引力。“量”指的是树立流量控制的意识，控制传统村落服务设施的开发数量，一些最基本的旅游服务设施（如游客服务中心、餐饮服务、休闲服务、卫生服务等设施）可以和村落基础设施共通共用，限制新建其他的旅游服务设施。

3. 外围包围内核原则

古村落在保护和发展其文化的过程中，必须遵循外围包围内核的发展路径。古村落居民只有识别、辨认、发展乡村所需的外围基础条件，才能更好地结合当地文化的内核基因。古村落居民要做到对当地文化进行识别、甄选、确立、恢复、传承、保护和发展，将游客体验贯穿始终，做到有针对性、有目的地保护和发展本地传统村落文化。

五、利用 3D 打印技术实现南岭瑶寨文化的活化传承

（一）何谓 3D 打印技术

3D 打印技术源于 20 世纪 80 年代后期的快速成型技术。所谓快速成型技术是一种基于材料堆积法的成型制造技术，集当时的机械工程、计算机辅助设计

（CAD）、分层制造技术、数控技术、材料技术等各种技术于一身。经过 20 多年的发展，当前称之为增量制作技术、增材制作技术或者 3D 打印技术。

3D 打印技术是一种与传统的材料切削加工方法截然相反的，通过增加材料、基于三维模型数据和逐层制造的方式，直接制造与计算机中模型完全一致的三维物理实体模型的制造方法。它以计算机中的物体三维模型为蓝本，通过软件进行分层离散和数控成型，利用激光束、热熔喷嘴等方式，将金属粉末、陶瓷粉末、塑料等材料进行逐层堆积和黏结成型，制造出实体物品图。

3D 打印技术对于机械行业而言，可以省略模具制作环节，直接实现从计算机设计模型到实物的转化；对于食品行业，可以跳过烹饪环节，直接将食谱转化为食物；对于教育领域，可以根据教学模型产生实物对象，开展教学实验或受力分析；对于文化遗产教育传承，可以通过历史文献检索，利用计算机制作现已消失的遗产模型，还原文化遗产的原来风貌，方便学生学习和传承。理论上，只需要一台 3D 打印机、一台个人计算机，通过计算机模型设计，任何人都可以在家中打印、加工生活和生产所需的物品。

（二）3D 打印技术与文化遗产活化保护

3D 打印技术的出现，对文化遗产保护和教育传承具有重大的意义。以往文化遗产的修复或仿制，需要专业技术人员才能进行，仅供小范围使用。随着 3D 打印技术的普及和推广，只要在计算机中进行文化遗产的建模，借助相应的 3D 打印软件，任何人都可以打印制作珍稀的文化遗产对象。对于教育来说，很多文化遗产的教育教学，如陶艺制作工具、古建筑和桥梁等，可以从图、文展示和教师的讲解，进一步延伸到 3D 打印实物的展示，文化遗产机构的重组，甚至文化遗产（如古代丝绸纺织）的直接操作演示。在文化遗产的保护、宣传和推广，以及文化遗产的教育传承等方面，3D 打印技术都具有重要的价值和作用。

在南岭瑶寨文化遗产保护方面，利用三维扫描技术可以将重点文物和遗产进行数字化保存，利用计算机技术构建文化遗产的 3D 模型，进入数字博物馆或专题数据库，实现文化遗产的永久保存，需要时通过 3D 打印技术实现文物的复制，用于宣传、展示或者教学。或者利用 3D 模型进行交互设计，通过虚拟博物馆让用户零距离观察、研究文化遗产。

在南岭瑶寨文化遗产宣传和推广方面，可以利用数据库中的文化遗产 3D 模型，通过 3D 打印技术，制作文化遗产批量生产模具，实现文化遗产的工艺品大批量生产，从而宣传和推广文化遗产。

在文化遗产教育传承方面，利用数据库中的文化遗产3D模型，可以实现文化遗产3D结构分析、3D打印。借助3D打印机，可以在教室环境下，将学生通过软件建模或者仿真的遗址古迹、手工艺器具等进行3D打印，方便学生观察、分析文化遗产所涉及的器具。教师和学生还可以开展探究实验等教学活动，进一步提升学生的学习效果。

美国的史密森尼博物院（Smithsonian Institution）是世界最大的博物馆体系，它所属的16所博物馆中保管着超过1.4亿件艺术珍品和珍贵的标本，同时，它也是一个研究中心，从事公共教育、国民服务以及艺术、科学和历史方面的研究。在史密森尼博物馆中，因为原始的托马斯·杰弗逊的雕塑要放在弗吉尼亚州展览，所以博物馆就用了一个巨大的3D打印替代品放在了原来的位置。这样既可以满足展览的需要，同时也起到了保护文物的需要。在文化遗产教育传承上，利用替代品，方便学生观察研究，进行相应的结构分析，同时教师可以在此基础上进行实验探究活动，提升教学效果。利用3D打印的替代品可以保护原始作品不受环境或者意外事件的破坏，同时复制品也能将文化遗产的影响传递给更多的人。

总而言之，南岭瑶寨数字化保护的方式不一而足，我们应当结合南岭瑶寨特色，坚持可持续发展理念，选择最适应当地自然及文化景观特点的数字化手段，实现对物质及非物质遗产的永久保护，最终促进民族文化的传承与发展。

参考文献

[1] 刘沛林 . 正在消失的中国古文明：古村落 [M]. 北京：国家行政学院出版社 .2012；

[2] 刘沛林 . 传统村落数字化保护的缘起、误区及应对 [J]. 首都师范大学学报（社会科学版）.2018；

[3] 武天 . 传统艺术数字活化与传播的新范式 [J]. 文化产业，2020，（33）：101–102.

[4] 李彦桥 . 浅析数字媒体技术对现代艺术的影响 [J]. 营销界，2020，（42）：75–76.

[5] 郭佳，李茂泉 . 新时代背景下数字媒体艺术创新发展研究 [J]. 大观，2020，（10）：76–77.

[6] 崔海洋，苟志宏 . 传统村落保护与利用研究进展及展望 [J]. 贵州民族研究，2019，40（12）：66–73.

[7] 张莹 . 吉安传统村落的影像化传播策略 [J]. 西部广播电视，2019，（24）：114–115.

[8] 陈伟煊，陈继腾，程欢 . 传统村落保护发展的研究评述与展望 [J]. 小城镇建设，2019，37（12）：24–29.

[9] 刘伟，丁亚君 . 基于数字乡村化的古村落保护 [J]. 工业工程设计，2019，1（01）：75–78.

[10] 汪大洋 . 虚拟现实技术在广东古村落文化保护中的应用 [J]. 美术教育研究，2019，（15）：88–89.

[11] 梅俊莹 . 乡村振兴背景下江西传统村落保护与活化研究 [D]. 南昌：江西科技师范大学，2019.

[12] 陈姝颖 . 浅析佛山古村落的保护与开发 [J]. 文化学刊，2019，（02）：37–40.

[13] 倪畅，王萍 .“数字技术”在古村落保护与活化中的应用研究——以湖

北省洪湖市瞿家湾镇为例 [J]. 中国文艺家，2018，(04)：116.

[14] 郭珊敏 . 传统村落非物质文化遗产保护研究 [J]. 民博论丛，2017，(00)：237–244.

[15] 易莲红 . 传统村落景观的原真性保护与活化发展研究 [D]. 武汉：武汉大学，2017.

[16] 李文龙 . 基于遗产活化的古村落开发方法与原则探讨 [J]. 佳木斯大学社会科学学报，2017，35（01）：156–158，169.

[17] 段林峰 . 虚拟现实技术在古村落保护中的应用 [D]. 南昌：江西师范大学，2016.

[18] 罗艳波 . 湘西古村落景观形态保护与更新策略研究 [D]. 长沙：湖南大学，2016.

[19] 李川 . 活化是古村落保护的重要途径 [J]. 神州，2015，(34)：16–21.

[20] 谢超峰，王心源 . 徽州古村落开发与保护中的空间信息技术应用探究 [J]. 测绘与空间地理信息，2014，37（01）：22–24.

[21] 王超 . 信息技术在古村落保护研究中的应用 [D]. 西安：西安建筑科技大学，2007.

[22] 李静疑 . 皖南传统村落保护与发展策略研究 [D]. 合肥：安徽建筑大学，2020.

[23] 薛超越 . 非物质文化遗产在传统村落中的传承 [J]. 湖北农机化，2019，(24)：28.

[24] 魏唯一 . 陕西传统村落保护研究 [D]. 西安：西北大学，2019.

[25] 李珂为 . 数字媒介在文化遗产保护中的应用研究 [D]. 西安：西安理工大学，2018.

[26] 徐思 . 非物质文化遗产在数字媒体技术下的保护与发展 [D]. 南昌：江西师范大学，2018.

[27] 段林峰 . 虚拟现实技术在古村落保护中的应用 [D]. 南昌：江西师范大学，2016.

[28] 乔润令 . 把根留住：传统村落的当代命运 [J]. 城乡建设，2015，(10)：92–93.

[29] 李丹 . 鄂西滚龙坝古村落文化景观保护与开发研究 [D]. 重庆：重庆大学，2012.

[30] 蔡飞龙 . 京剧脸谱数字化建模与绘制技术研究 [D]. 杭州：浙江大学，2012.

[31] 闵薇 . 云南沧源岩画数字化传承与应用研究 [D]. 昆明：昆明理工大学，2010.

[32] 赵倩 . 非物质文化遗产数字博物馆研究 [D]. 青岛：青岛大学，2009.